Konrad Beikircher

Eine Kindheit in Südtirol

So schön
war es wirklich

W0194364

Kiepenheuer & Witsch

MIX
Papier aus verantwor-
tungsvollen Quellen
FSC® C083411

Verlag Kiepenheuer & Witsch, FSC®-N001512

2. Auflage 2015

Lektorat: Astrid Roth, Köln
Umschlaggestaltung: Barbara Thoben, Köln
Umschlagmotiv: © plainpicture / Tamara Jung-König
Gesetzt aus der Legacy und der Papyrus
Satz: Felder KölnBerlin
Druck und Bindearbeiten: CPI books GmbH, Leck
ISBN 978-3-462-04783-7

Inhalt

Vorwort

Meine Heimat ist Südtirol, genauer: das Pustertal, genauer: Bruneck und eigentlich dort der Stegener Weg. Da bin ich aufgewachsen. Ich höre noch das Knirschen des Straßenschotters, wenn ein Pferdefuhrwerk drüberfuhr, ich sehe noch die Linde vor mir, an der wir uns als Gang vom Stegener Weg immer trafen, am Rain, einem kleinen Hang hinauf zu den Ställen vom Hotel »Zur Post«. Ich habe noch den schlammigen Geruch der Wiere in der Nase, eines Abzweigs der Rienz, der hinter dem Stegener Weg von der Öhler Säge kam und zur Mühle floss, um ein paar Hundert Meter weiter wieder in die Rienz zu münden, und ich weiß noch genau, wie das Gemisch aus Maschinenöl und Sägemehl riecht und schmeckt, das wir an der Öhler Säge immer zusammenkratzten. Ich höre die Stimmen meiner Freunde, ich vermisse heute noch die trockene kalte Winterluft, die aus einem eisblauen Himmel fiel und einem die Haare verzuckerte, wenn man sie nass kämmte, was wir alle taten. Ich rieche die »Kaaspappilan« – »Käsekekse«, eigentlich Wegmalve, sie hieß so, weil sie nach Käsfüßen roch, wenn man sie zwischen den Fingern zerrieb – und schmecke die Milch vom Löwenzahn, die wir probierten, wenn wir die Stengel aufschlitzten und daraus Halsketten oder Stirnbänder flochten.

Das ist Heimat, meine Heimat.

Daneben natürlich noch ein Gefühl »Bruneck«, zu dem der Blick auf den Haunold gehört und auf die Gletscher oberhalb des Ahrntals und vor allem der Blick auf den Sambock. Heute noch kann ich die Sehnsucht nachfühlen, die mich als Kind so oft gepackt hat, die Sehnsucht hinter den Sambock zu gehen, dorthin, wo keine Berge mehr meine Augen einsperren, weil ich doch so gerne gewusst hätte, wie es dahinter aussieht.

Vom Gefühl »Bozen« ganz zu schweigen: Es bedeutet Urbanität, es bedeutet Lust am Leben und an verbotenen Früchten, es bedeutet Weltläufigkeit, die italienisch spricht.

Es ist nichts Großes, was der kleine Konrad in seiner Heimat alles erlebt hat, aber es war schön, nein, wunderschön. Die Sonne schien wärmer als heute, die Großen waren größer, als sie es heute sind, und Bruneck und Bozen waren riesig.

Von dem Erlebten zu erzählen, war nicht leicht, weil es so viele Verführungen gibt, ich bin, wie Walter Kempowski das einmal beschrieben hat, in alle Fallen getapst. Ich habe mich oft gefühlt wie in dem Kinderreim, den ich an der Wand stehend aufgesagt habe, wenn ich ein bisschen unartig war:

I bin a kloans Pinggile,
Und stell mi ins Winkile,
Und weil i nicht kann,
Fang i nicht an.

Ich hab mich verloren in Recherchen nach der verlorenen Zeit, habe mit meinen Brüdern telefoniert, um Daten korrekt einordnen zu können, und habe dabei gemerkt, dass historische Genauigkeit hier nicht wirklich so wichtig ist.

Natürlich steht hier nur die Wahrheit, die reine Wahrheit, wie ich sie erlebt habe, wie ich sie gerne erlebt hätte, wie ich sie gesehen habe, wie ich sie lieber gesehen hätte. Die Wirklichkeit stellt sich oft ganz anders dar als die Realität, die Realität ist oft nicht so fantasievoll und einfallsreich wie die Wirklichkeit, zumindest die subjektive, also sollte man sich nicht scheuen, für den schönen Ausgang einer Geschichte nach geeigneten Türen zu suchen. Kein Buch also für Realitätsfetischisten, auch wenn die Wirklichkeit meistens nur einen Hauch von der Realität entfernt ist.

Es hat mich verändert, dieses Buch über meine Kindheit, es hat mir meine Wurzeln wiedergegeben und es hat fast dazu geführt, dass ich keine Lust mehr habe, hier im Rheinland zu leben, dass ich zurückwill nach Südtirol. Bis ich gemerkt habe, dass ich gar nicht an die Orte zurückwill, sondern in diese geborgene Zeit, ja Gott, so geht es allen, sagt Walter Kempowski, die autobiografisch arbeiten, also habe ich einen Schnitt gemacht, obwohl es noch viel zu erzählen gäbe.

So wünsche ich Ihnen, dass Sie Ihre eigene Kindheit sehen, wenn ich Ihnen meine erzähle!

»Und nacha?«

Sie hieß Loise, ausgesprochen »Loißä«, war ohne Alter und die unerbittlichste Kellnerin der Welt. Sie war Feldwebel im Frontdienst und das Hotel und Gasthaus »Zur Post« in Bruneck ihr Kriegsschauplatz. Unerschütterlich war ihre Loyalität zu dem Mann, der für sie oberster Kriegsherr und unnahbarer Halbgott war: dem Herrn von G., Inhaber des Imperiums »Zur Post«. Seine Interessen zu wahren und seinen Besitz zu mehren, waren ihr Aufgabe und Lebensziel. Dementsprechend war jeder Gast ihr Gegner, den es zu überwältigen galt. Wenn er hier, an der Front, schon die Sitze blanksitzen, Servietten, Besteck und Geschirr beschmutzen und dem Herrgott die Zeit stehlen wollte, und ihre dazu, dann sollte er auch dafür bezahlen.

Loise wusste, dass Menschen nichts selbstverständlicher ist als das Schöne und wie ungern sie dafür Geld ausgeben. Also versuchte sie es erst gar nicht mit Freundlichkeit. Ihr Gang war gespornt, ihr Blick ein Verhör und ihre Sprache von militärischer Präzision.

Niemals wären ihr Sätze wie »Bitte schön, was darf's denn sein?« über die Lippen gekommen. Kaum saß der Gast am Tisch, stand sie schon neben ihm und donnerte ihm ein fragendes »Ja?« entgegen.

Wehe dem, der jetzt nur ein karges »Einen Kaffee, bitte« über die Lippen brachte.

Loise wiederholte: »Einen Kaffee, aha«, blieb stehen und schwieg. Drohend hielt sie Bleistift und Notizblock im Anschlag. Sie hatte Zeit. Viel Zeit. Der wird schon sehen, wie weit er mit seinem »Einen Kaffee, bitte« kommt. Schwieg der Gast auch, handelte es sich also um einen ernstzunehmenden Gegner, kam es zur Eskalation: »Und dazu?«

Kaum einer, der dem Druck nicht nachgegeben hätte. Zumal Loise dieses »Und dazu?« dem Gast mit einer Lautstärke an den Kopf donnerte, die alle in der Gaststube aufhorchen ließ. Aha, da war also wieder einer, der unserer Loise das Leben schwermachen wollte. Man drehte sich nach dem Provokateur um. So schauen Kriegsgefangene einen an, wenn sie einem bedeuten wollen, dass es eh keinen Zweck hat, die Wachen zu provozieren, da die am längeren Hebel sitzen.

»Ja, äh, vielleicht ...«, begann der Gast.

»Ja?«, konterte Loise und drohte:

»Ein Glas Wein? Vom Guten oder vom Offenen?«

»Ja, äh ...«

»Ein Kaffee und ein Glasl vom Guten«, bestätigte triumphierend Loise, blickte in die Runde, um dann die Kartätsche zu feuern, auf die nun alle warteten: »Und nacha?«

Was so viel heißt wie: »Und nachher?« oder »und danach?«

Dieses »Und nacha?« war dank Loises lebenslanger Feldwebeltätigkeit im ganzen Pustertal sprichwörtliche Redensart geworden. Jeder kannte, jeder fürchtete ihr »Und nacha?«. Jeder wusste: Loise wankt nicht, Loise hält durch und geht erst, wenn diese Frage eine zufriedenstellende Antwort gefunden hat.

»Ja, äh ...«

»A bissl Aufschnitt?«, half Loise.

»Hm, äh ...«

»Kaffee, ein Glasl vom Guten und Aufschnitt«, donnerte Loise Richtung Theke und ließ vom Gast ab, nicht ohne den übrigen Anwesenden zu bedeuten: Wage es einer, mir zu widersprechen, gnadenlos gebe ich ihn der Lächerlichkeit preis.

Ich war drei Jahre alt, als ich Loise kennenlernte. Ich wohnte damals mit meinen Eltern und beiden Brüdern ein paar Hundert Meter von der »Post« entfernt, im Stegener Weg. Bruneck war in der Zeit ein behüteter Ort, in dem die Autos langsam fuhren und die Kühe Namen hatten. Und auch wir Kinder mussten nicht wie unsere Kinder heute schon mit zwei Jahren Name, Adresse und Telefonnummer auswendig lernen, um notfalls von der Polizei nach Hause gebracht werden zu können. Wir konnten uns darauf verlassen, dass jeder in Bruneck uns nach dem »Modl« erkannte: »So wie du ausschaugsch, bische bestimmt a Beikircher, gell!«

In dieser Welt konnte auch ein Dreijähriger schon einmal zur Tür hinausgehen und eine Stunde wegbleiben, ohne dass sich die Mama wirklich Sorgen zu machen brauchte oder gar in Panik verfallen musste.

Eines Vormittags machte ich also einen kleinen Ausflug in die »Post« - aus dem Haus raus, links an der mächtigen Linde vorbei, dann hoch zum Friseur Pfendt, da rechts rum und schon war ich da. Den Weg kannte ich vor allem von meinem Papa, den ich oft dorthin begleitete, dann spendierte er mir ein Gelati und ging hinein, um einen Kaffee zu trinken, und ich trottete allein wieder nach Hause zurück.

Ich kletterte auf einen der Stühle des Gasthauses und legte beide Hände auf den Tisch. Schon war Loise bei mir, um ohne Verzug die Bestellung aufzunehmen: ein Glas Milch und zwei Stück Apfelstrudel.

Kurz darauf brachte sie mir die Köstlichkeiten und ließ mich, nachdem ich aufgegessen und ausgetrunken hatte, ohne Aufheben wieder gehen.

Nach dem Mittagessen kam mein Papa in die »Post«. Wie immer trank er seinen kleinen Braunen, bevor er zurück in die Kanzlei ging.

Loise nahm seine Bestellung auf. Kein »Und dazu?«, kein »Und nacha?« entsprang dem Gehege ihrer Zähne.

Man tuschelte. Man war erstaunt. Was war mit Loise los? War sie krank? Musste man sich Sorgen machen?

Mein Papa wollte zahlen.

»Ein Kaffee, ein Glas Milch und zwei Apfelstrudel«, rechnete Loise zusammen.

»Moment, Loise, es war aber nur ein Kaffee«, wandte Papa ein.

»Jetzt schon. Aber am Vormittag war der Herr Sohn da und konnte nicht bezahlen«, antwortete Loise.

»Das kann aber nicht sein, Loise. Die beiden Großen sind in der Schule und der Kleine ist erst drei.«

»Alt genug fürs Gasthaus«, konterte Loise ungerührt und hielt meinem Papa die Rechnung unter die Nase.

Loise lächelte nur sonntags. Das war ihr Tag. Wenn wir, Mama, Papa, meine beiden Brüder und ich, an Loises Front gingen, um dort sonntags mittags zu essen – Suppe, Risotto, Fleisch, Nachtisch und Eis –, dann belohnte sie uns mit einem Lächeln, das wir uns wie eine Auszeichnung anhefteten. Und manchmal, wenn alles gegessen und abgeräumt war, brachte sie noch eine Waffel und sagte: »Das ist für den Kleinen.«

Das war dann wie eine Ordensverleihung.

Konrad und die Frauen

Die Frauen spielten in meinem Leben immer eine große Rolle, nein, die zentrale Rolle, und ich sage »die« Frauen, weil ich nicht Frauen allgemein meine, sondern weil es sich bei »den« Frauen immer um bestimmte Frauen handelte: Sie hatten Namen und eine Bedeutung für mich.

Natürlich war die wichtigste Frau für den kleinen Konni die Mama und ich habe heute noch Bilder im Kopf, wie sie sich liebevoll über mich beugt, und ich weiß, dass sie mich in diesem Moment stillt. Es ist nicht wirklich ungewöhnlich, dass ich mich daran erinnern kann, denn sie hat mich sehr lange gestillt, vermutlich anderthalb bis zwei Jahre lang. Ich will hier aber nicht von meiner Mama erzählen, sie hat ihren Platz in meinem Herzen und in den Herzen meiner Brüder und da allein - und keinesfalls in einem Buch - hat die Liebe zu ihr einen Ort.

Ich will von den anderen Frauen erzählen: Schon sehr früh in meinem Leben habe ich mir ein Frauenimperium aufgebaut, auf das ich noch heute mit Bewunderung zurückschaue.

Da waren natürlich zunächst die »Dienstmädchen« meiner Mama. Die Regina zeigte mir, dass Wedeln mit der Hand in Hüfthöhe »fame« heißt, »Hunger«. Sie sagte: »Ho bersu la ghiave della validdsch« und dass das nabuleddanisch sei und toll und dass das »Ho perso la chiave della valigia« heiße »Ich hab den Schlüssel vom Koffer verloren«. Sie hatte einen großen Mund, der immer lachte, wenn ich in ihrer Nähe war, und sie sang mit Inbrunst neapolitanische Lieder, »Sorrento«, »O sole mio«, »Santa Lucia« und wie sie alle heißen, eines schöner als das andere.

Anna Daprè, deren staubig belegte Stimme ich heute noch im Ohr habe, konnte hinreißend eindringlich Geschichten erzählen, Geschichten von ihrem Häuschen am Reischacher Weg, in dem sie mit ihrer alten Mutter alleine lebte und in dem es geistern sollte. Und sie erzählte von ihrer Angst, wenn sie nachts nach Hause ging, weil der böse Zingerle hinter jedem Baum hervorspringen konnte. Der Zingerle war in Wirklichkeit ein Sexualtäter in den Wäldern bei Innsbruck in Österreich gewesen – für uns Kinder in Bruneck war er der Klabautermann oder ein SS-ler, der mit weiteren sieben oder acht brutalen SS-lern in den Wäldern um die Ecke bei Amaten hauste. Kein Kind sei vor ihm sicher, erzählten wir uns, weil er sich dauernd verstecken müsse und deshalb nix einkaufen könne und deshalb so einen Hunger habe, dass er sogar Kinder fresse. Erwachsene Frauen mit kindlichem Gemüt wie die so liebenswerte Anna hatten eben auch diese kindlich überhöhte Angst vor ihm.

Anna erzählte, die Bäume würden ihr zuraunen, sie solle keine Angst haben, so einen wie den Zingerle würden sie nicht verstecken, niemals, und wenn sie endlich im Häuschen ankam, bekreuzigte sie sich immer, so erleichtert war sie jedes Mal, dass es alles »no amol guit gang isch«. Durch Anna weiß ich, dass die Natur Stimmen hat, beseelt ist und nicht immer ein Freund.

Und dann gab es noch die Rosl aus Vintl, nein, man sagt bei uns aus DER Vintl, weil es eben DIE Vintl ist. Ich weiß nicht, warum das so ist, jedenfalls, wenn man durchs Pustertal Richtung Bruneck und dabei durch Untervintl und Obervintl fährt, ist man in DER Vintl. Die Rosl war meine Freundin, meine beiden Brüder waren schon größer und quasi aus dem Haus, zur Schule in Bozen und Brixen, so hatte ich die Rosl für mich allein. Sie brachte mir Schnittlauch wiegen bei und den Alltag: Ich sah ihr beim Bügeln zu, beim Aufräumen in der »Speise«, dem Vorratsraum, und beim Bettenmachen. Dabei zeigt sie mir, wie man das Knie am besten hält, um die Matratze hochzuheben, wenn man sie mit einem frischen Leintuch bezieht.

Manchmal nahm sie mich mit zu sich nach Hause. Dann fuhr ich mit meinen sechs oder sieben Jahren auf meinem kleinen Rädchen hinter ihr her: von Bruneck über Stegen nach Sankt Lorenzen, an der Rienz entlang, dann kam das Knie-Pass-Eck, weil da eine Kurve war, die wie ein Knie aussah, und Kiens und St. Sigmund und schließlich die Vintl und dann der Bauernhof, der ihr Zuhause war. Und das »Herrenkind« mit seinen besseren Hosen und dem feineren Pullover, eben eines von den hearischen Kindern, Kind von den feineren Leuten, wurde in die Stube geführt und dort wartete schon der kleine Bruder von der Rosl mit dem »Bär«. Der »Bär« war eine Art Holzkreisel, der aussah wie ein Pilz. Man musste ihn mit einer kleinen Peitsche in Schwung bringen und immer weiter anpeitschen, dann drehte er sich. Ich seh den kleinen Bruder von der Rosl noch vor mir, wie er das Stadtkind auslacht, weil ich es nicht hinbekomme, mit der Peitsche den Pilz so zu treffen, dass er einen weiteren Drehimpuls bekommt – so hätte wohl mein Papa gesagt. Erst nach vielen vergeblichen Versuchen bekam ich den Dreh raus. Es war ein spannendes

Spiel, und ein altes: So was hat wahrscheinlich schon der Ötzi gespielt, als er ein Kind war. Die Rosl hat sich gefreut, mir ihre Hoamat zeigen zu können – und bestimmt auch darüber, dass ihr kleiner Bruder mir beim Bärenspiel überlegen war!

Zu den wichtigsten Frauen in meinem Kinderleben gehörte die Burgl. Die Burgl arbeitete bei Tante Martha, der Schwester meiner Mama, und Onkel Franz. Die beiden hatten fünf Kinder und standen den ganzen Tag im Geschäft, einer Bäckerei und einem Getränkegroßhandel. Damit in der Harpf-Villa mittags wie überall in Südtirol um halb eins warm gegessen werden konnte, hatten sie, so begütert wie sie waren, eine Köchin. Manchmal durfte ich bei Onkel Franz und Tante Ma mittagessen, das war dann immer ein großes Ereignis, denn in der Harpf-Villa aß man mehrere Gänge wie im Restaurant – was Wunder, sie hatten ja die Burgl.

Die Burgl war eine einfache Frau mit einer hohen, sehr gequetschten Stimme. Sie hörte sich genauso an wie Schwester Metrodora im Spital. Deren Stimme kannte ich so gut, weil ich mit Mama oft sonntags ins Spital ging, um zu den Klängen des getretenen Harmoniums, der Psalmenpumpe, wie die Musiker gerne sagen, im Spitalchor zu singen. Es gab dann oft gesungene Messen, Schubert, die Deutsche Messe, rauf und runter, und da gab Schwester Metrodora eben den Ton an. Die Spitalskapelle war sehr klein, für den Chor war kein Platz, weshalb wir im Flur um das Harmonium herumstanden und auf die Einsätze von Schwester Metrodora warteten. Die beobachtete von der Tür zur Kapelle aus die Heilige Messe und wenn die Stelle kam, an der wir zu singen hatten, griff sie unter die Halskrause ihrer Nonnenhaube, holte ein Fieberthermometer heraus und fing an, damit zu dirigieren. Es hat immer geklappt.

Ich hatte eine feste Route, um die Burgl zu besuchen: Ich fuhr mit meinem Dreirad den Stegener Weg hoch auf den Graben und bog zunächst nach rechts auf den Gilmplatz vor dem Hotel »Zur Post«. Dort wohnten Onkel Hans und Tante Toni, meine Taufpaten. Onkel Hans war Brunecker, seine Frau, Tante Toni, kam aus Hamburg. Tante Toni sprach Hochdeutsch, wir Kinder hielten sie deshalb für arrogant. Wenn sie uns besuchte, gingen meine beiden Brüder und ich manchmal an ihren Mantel, der in der Garderobe hing, holten das kleine Taschentuch aus der Manteltasche und schnäuzten solidarisch alle drei hinein – um ihr zu zeigen, was wir von ihrer hochdeutschen hochnäsigen Art hielten. In Wirklichkeit war sie aber alles andere als arrogant, sondern eine liebenswürdige Frau, die obendrein mein Herz erobert hatte, weil sie die Einzige war, von der ich zum Geburtstag ein Geschenk erhielt. Mein Geburtstag ist der 22. Dezember, das hieß in meiner Familie: »Übermorgen is eh Weihnachten, da braucht's jetzt nix Großes mehr extra.« Tante Toni kam immer am 22. Dezember bei uns vorbei, um mir im Namen ihres Mannes, meines Taufpaten, ein Geburtstagsgeschenk zu bringen. Es war selbstverständlich von ihr, sie hatte Mitleid mit mir. Daran dachte ich bei meinen kleinen Spazierfahrten vormittags und hielt deshalb erst mal am Gilmplatz, klingelte bei Tante Toni, ging in die Wohnung, setzte mich in die Küche und sagte zu ihr: »Minki willa.« Milch will er. Natürlich bereitete Tante Toni daraufhin sofort eine Milch mit Honig, lauwarm, und servierte sie mir.

Dann fuhr ich weiter den Graben runter zur Villa Harpf, zu meiner Burgl. Ich stellte mein Dreirad unten an der Terrassenmauer ab, ging ins Hochparterre und klingelte.

Burgl schnaufte durch die Diele – sie war dick und etwas schweratmig, kein Wunder bei einem Leben zwischen Vorratsraum und Küche – und öffnete mir.

»Na Konnele, geah schian, dasse do bisch, gell, kimm lei einer, willsch eppas essn – geh Konni, geh, schön, dass du da bist, gell, komm nur herein, willst du was essen?«, war ihre Frage, die völlig überflüssig war, denn genau deshalb war ich ja gekommen. Burgl war eine begnadete Köchin und das konnte ich damals schon beurteilen. Sie kochte den ganzen Tag und wenn sie nicht kochte, bereitete sie etwas für den nächsten Tag vor oder machte Marmelade oder Pasteten für den Winter oder weckte ein.

Burgl wischte sich die Hand an der Schürze ab, die sie immer anhatte, bevor sie sie mir gab und mir dann über den Kopf streichelte.

»So isch recht«, sagte sie, schlurfte vor mir her durch die weiträumige Diele, die gleichzeitig Esszimmer war, und bog nach rechts in die Küche. Dort brodelte, kochte, blubberte und zischte es, dass es eine Freude war. Auf dem riesigen Zubereitungstisch lagen Dutzende von Knödeln, sie rochen nach Speck und Petersilie, dass es mir ganz anders wurde, daneben der Schweinsbraten, den sie aus der Röhre genommen hatte, weil er mit Bier zu bepinseln war, bevor er erneut in den Ofen geschoben wurde. Er roch nach Kümmel, Fett und Schwarte und das ließ die warme Milch mit Honig von Tante Toni augenblicklich zum Aperitif werden. Neben dem Braten stand der frische Kartoffelteig für die Marillenknödel, die Burgl zum Nachtisch gedacht hatte. Marillenknödel! Eine Arbeit, die man sich höchstens einmal im Monat am Sonntag machte, zumindest war das bei uns zu Hause so. Es sei denn, man wäre Profikoch und Burgl war Profi. Wo sollte das Paradies sein, wenn nicht hier bei der Burgl? Hier durfte ich mich an den Tisch setzen und Burgl holte aus der Speisekammer ein kleines Glas mit Zwetschgenkompott. Sie machte es auf und gab mir zwei, drei Löffelchen davon auf den Teller und dazu schnitt sie mir eine Scheibe vom süßen Zopf ab, den sie gerade gebacken hatte für nachmittags, weil da Besuch zur Marende kommen sollte. Dann, wenn sie sah, dass es mir schmeckte, sollte ich »koschtn«, von allem, was sie so vorhatte für mittags. Und ich kostete, dass es eine Freude war, und das war sicher der Lohn für die Burgl, denn Kinder lügen nicht und wenn es dem Konnele schmeckte, schmeckte es der Familie danach auch. So saß ich da, aß, schwelgte und war selig und die Burgl auch, denn so wie von mir wurde sie von Onkel Franz und Tante Ma sicher nicht belohnt.

Meine Liebe zur Küche, zum Kochen und vor allem meine Vorliebe, in der Küche zu sitzen – wo sollte es schöner sein als da, wo es dampft, blubbert, siedet, köchelt, brät, zieht und gart? –, verdanke ich meiner Mama, bei der ich später kochen lernte, und der Burgl, die mir beigebracht hat, wie es zu riechen und zu schmecken hat, wenn es etwas werden soll. Die Burgl hat mir darüber hinaus gezeigt, wie einer im Kochen aufgehen kann. Sie war ganz allein in der Küche in der Harpf-Villa, aber sie stand da, als befehligte sie einer ganzen Heerschar, und auch, als gäbe es nichts auf der ganzen Welt, was sie glücklicher machte, als dort zu stehen. Wie sich ihre Gesichtszüge entspannten, wenn sie mit geschlossenen Augen etwas von der Soße auf dem Kochlöffel probierte und es für gut befand, ist für mich heute noch das Urbild von Genuss, das Bild des vollkommen Einsseins mit sich und der Welt in einem Löffelchen.

Von Ludwig van Beethoven sagten die Zeitgenossen, dass er ein begnadeter Lacher gewesen sei. Er hätte sich, sagten sie, seinen Lebensunterhalt allein damit verdienen können, so ansteckend sei sein dröhnendes, lautes, ganz von unten kommendes und den ganzen Körper ausfüllendes Lachen gewesen, keiner hätte sich der ansteckenden Wirkung entziehen können. Das war bei Tante Mia, der Schwester meines Papas, ganz genauso. Ich mochte sie sowieso gerne, weil sie sehr weiblich war und immer so tolle Frisuren hatte. Aber früher waren die Frisuren eh toller: Die Haare waren gedreht, geföhnt, mit Lockenscheren bearbeitet, mit langen Nadeln, die an einem Ende eine Perle hatten, festgesteckt, sie waren aufwendig geknotet, zu Zöpfchen geflochten, diese wiederum zu einer Schnecke gedreht, oder sie fielen in weichen Wellen über die Ohren, kurz, sie waren einfach schöner.

Das Tollste an Tante Mia war aber ihr Lachen. Sie lachte nicht wie andere Menschen, so einfach hintereinander weg »hahaha«. Sie lachte mit ihrem ganzen Körper. Sie holte Luft, dann schaute sie mit unglaublich vergnügten Augen in die Runde, hielt die Luft an, zog die Stirn kraus und dann fing sie an zu lachen und das ging so: Zunächst löste sich aus der Tiefe von Bauch und Zwerchfell ein kurzes Lachen, ein breites und zugleich spitzes, kurz nach Anklingen abbrechendes »À«, das aber, im Abbrechen begriffen, nicht etwa zu Boden fiel oder in sich zusammensackte, sondern das die Spannung hielt, ganz oben hielt und damit neugierig machte auf das, was jetzt folgen sollte. Dieses erste »À« stand also in der Luft, bestimmt fünf oder sechs Sekunden lang, dann kam – aber ohne dass Tante Mia Luft geholt hätte! – das zweite »À«, auch dieses brach ab, stand aber dennoch in der Luft, ebenfalls fünf oder sechs Sekunden lang, um vom dritten »À« abgelöst zu werden, das wieder denselben Verlauf nahm. Der Unterschied zwischen den »Às« war, dass die Tonhöhe, zunächst unmerklich, dann immer deutlicher abnahm, der Ton wurde also peu à peu tiefer, ohne dass allerdings davon die Intensität oder gar die Lautstärke beeinträchtigt wurde. Das ganze Schauspiel dauerte gut anderthalb Minuten und das Geheimnis war, dass Tante Mia in der ganzen Zeit nicht einatmete. Jeder wartete darauf, dass sie nun endlich Luft holen, nein, nach Luft schnappen werde, nein müsse. Mitnichten! Der Erfolg dieses Tante Mia'schen Lachens war enorm. Ein ganzer Raum schaute sich nach ihr um, verfolgte das Lachen und war fasziniert. Tante Mia hätte wirklich von diesem Lachen leben können. Sie wäre in der Claque im Burgtheater zu Reichtum und Ehren gekommen, hätte man sie da gezielt eingesetzt, wie es noch im 19. Jahrhundert üblich war. So was ist kein Talent, so was ist eine Gnade.

Neben der Burgl war dann meine erste große Liebe meine Lehrerin in der Volksschule, Frau Mair, genauer, die Frau vom Radio Mair vom Radiogeschäft. Der Radio Mair war ein gemütlicher, blonder Mann, etwas korpulent mit schütterem Haar, der mit, wie mir schien, einer der schönsten Frauen der Menschheit deutlich überbeschenkt war. Frau Mair hatte eine samtene Stimme und wunderschöne rehbraune Augen, ich wäre freiwillig bis abends in der Schule sitzen geblieben, wenn sie auch dageblieben wäre, nur um ihre Stimme zu hören und in ihre Augen schauen zu können, so verliebt war ich in sie. Ich habe für Frau Mair sogar gebastelt – und ich hasste schon als kleines Kind basteln, ich konnte es nie. Mir ist immer der Kleber an der Bank kleben geblieben, das Papier kaputtgegangen, die Schere verrutscht, die Kordel gerissen, die Laterne verbrannt, der Farbstift abgebrochen, die Tinte ausgelaufen, das Messer abgerutscht. Ich hab mir in die Finger geschnitten, das Hemd bekleckert, die Schulbank zerkratzt, ich hab einfach alles falsch gemacht. Ich hab mir von den größten Arschlöchern in der Klasse helfen lassen müssen, nur damit ich bei der Frau Mair nicht ganz so blöd dastehe, und ich habe mich nicht geschämt für diesen Betrug.

Dafür habe ich für mich beim Singen mit dem Mutschlechner Wilfried, der ebenfalls eine schöne Stimme hatte, Sopran, ich war da mehr der Alt, alles wieder herausgeholt und die Augen »meiner« Frau Mair sogar zum Leuchten gebracht. Wir Jungs waren wirklich gut und die Frau Mair konnte auch schön singen. Wenn wir dann »Schon wieder blühet die Linde« sangen, dann habe ich aus dem Bauch heraus die zweite Stimme gesungen. Ich kannte das alles ja schon von daheim, Harmonien singen war für mich kein Thema, ich konnte gar nicht anders – und meine Frau Mair war glücklich. Hätte ihr das ihr Mann jemals geben können? Also bitte!

Dafür habe ich in den ersten zwei Jahren Volksschule, da hatten wir nämlich die Frau Mair, in allen Fächern eine zehn bekommen, außer in Betragen. Denn das hat sie wohl gemerkt, die Frau Mair, dass da ein bisschen mehr als nur reine Kinderliebe war und dass ich mir deshalb in der Klasse etwas mehr erlauben zu dürfen glaubte als die anderen.

Aber meine Liebe gehörte nicht nur den reiferen Frauen, den gleichaltrigen machte ich selbstverständlich auch den Hof. Der Ruth zum Beispiel, meinem Traum der Kindergartentage. Der Kindergarten lag oben bei der Pfarre, ein weiter Weg, wenn man halb aus Stegen kommt. Deshalb bekam ich einen Roller, mit dem ich, vierjährig, durch die ganze Stadt, die Stadtgasse entlang an den Geschäften vorbei in die Oberstadt bis zum Kindergarten rollte – außer es regnete oder schneite. Ich war um acht Uhr da und fuhr um vier Uhr nachmittags wieder zurück.

Der Kindergarten war eine Sache für sich, denn da gab es zu einer festen Tageszeit Mittagsruhe. Das kannte ich so nicht – auch bei uns zu Hause war Ruhe zwar heilig, aber immer dann, wenn sie einen überfiel. Die Kindergartentante, eine »Reichsdeutsche«, war eine ziemlich strenge Dame, vor der wir ungeheuren Respekt hatten. Mittags saßen wir an den Tischen, aßen und mussten dann sitzen bleiben, denn jetzt kam die Mittagsruhe. Das hieß, Ärmchen auf den Tisch, Köpfchen drauf und dann war eine Stunde Ruhe. Das geht, wenn da eine Zuchtfurie steht, vor der man Angst hat. Als wir später in der Schule von den Spartanern hörten und ihrer brutalen Erziehung – sie sollen ja die Kinder den Eltern weggenommen und in Kadern in Heimen erzogen haben –, fiel mir immer die deutsche Kindergartentante und der erzwungene Mittagsschlaf auf dem Tisch ein.

Im Kindergarten also war Ruth. Ruth war der Schwarm von uns kleinen Jungs, sie war unsere Joan Crawford, unsere Silvana Mangano. Sie war, wie wir, vier, aber, sie sah aus wie sechs! Alle waren hinter ihr her, alle suchten ihr zu gefallen, alle wollten in ihrer Nähe sein. An bestimmten Tagen sah ich diesem Treiben absolut gelassen zu, denn dann hatte ich andere Waffen. Ruth wohnte um die Ecke vom Stegener Weg, wo mein Zuhause war, hatte also denselben Nachhauseweg wie ich. Wenn der Kindergartentag um war und alle nach Hause schwärmten oder abgeholt wurden und ich den Roller dabeihatte, kam mein Auftritt. Ich fuhr vor und sagte: »Ruth, schteig au.«

Ruth stellte sich hinter mich auf den Roller, hielt sich an mir fest und ab ging's: die Oberstadt runter, durchs Unterrainertor in die Stadtgasse, beim Schifferegger vorbei, durchs Florianitor auf den Graben, beim Friseur Pfendt den Stegener Weg runter, dann allerdings, beim Webhofer, nicht etwa nach links, sondern geradeaus noch ein Stück weiter und schon war die Schöne zu Hause. Ich aber, der Easy Rider von Bruneck 1949, rollte mit weitausholendem Schritt an der Schmiede vom Pezzei vorbei nach Hause in den Stegener Weg. Ein großer Tag.

Später, ab der dritten Klasse im Schuljahr 1953/54, war es die Emma, auf die der kleine Konni sein Auge geworfen hatte. Auch da war räumliche Nähe das Kriterium, ich hatte offensichtlich keine große Lust, mir eine Liebe am anderen Ende von Bruneck anzulachen. Emma war unsere Nachbarstochter, die ich oft von der Schule elegant nach Hause geleitete. Da standen wir dann noch Ewigkeiten lang im Törchen zu ihrem Haus, bis ihre Mama kam und sie reinholte. Ich ging dann ums Raffin-Haus rum, am Haus der Pröll Kathl vorbei nach Hause.

Da war ich aber auch schon acht und damit aus dem Gröbsten raus.

Der Spielanzug

Zu den Dingen, die ich in meiner Kindheit hasste, mit Inbrunst hasste, gehörte der blau-weiß-karierte Spielanzug, den meine Mama mir geschneidert hatte. Ich hatte einige selbst gestrickte Pullover, zum Beispiel einen, auf dem ein Zug fuhr - rauchende Dampflok, Tender, Waggons und alle Schikanen, meine Mama war nämlich Strickweltmeisterin und gestaltete unglaubliche Meisterwerke -, Norweger-Pullover, die andere Mütter vor Neid erblassen ließen, aber dann plötzlich so ein blau-weiß-karierter Spielanzug: ein Overall aus einem Stück mit kurzen Hosen, vorne geknöpft vom Hals bis zum Schritt, aus Handtuchbaumwolle in blau-weißem Karo.

»Schau, Konnele, des isch praktisch beim Spielen und hübsch isch es aa«, redete mir meine Mama gut zu.

Ich hatte sofort ein flaues Gefühl, als ich ihn mir anzog, ich kam mir darin unglaublich weibisch vor und ahnte beim Rausgehen, was meine Freunde auf der Gasse sagen würden.

Tatsächlich sagten sie gar nichts, sondern fingen nur an zu lachen.

Der Pezzei Hansjörg war der Sohn vom Schmied Pezzei, bei dem es immer so toll nach verbrannten Hufnägeln roch, wenn er die Pferde beschlug. Die Nägel und die Hufeisen formte er noch selber, und wenn er so ein »frisches«, rot glühendes Hufeisen dem Pferd an den Huf hielt, um zu sehen, ob es passte, rauchte der Huf und die Pferde wieherten, was ihn aber nicht im Mindesten beeindruckte. Er dengelte das Hufeisen auf dem Amboss zur richtigen Form zurecht, passte es wieder an und hämmerte es dann auf den Huf. Manchmal allerdings passte der Pezzei nicht das Hufeisen an, sondern den Huf und feilte mit einer großen Feile daran herum, bis der zum Eisen passte, und ich wunderte mich immer, dass das dem Pferd nicht wehzutun schien. Der alte Pezzei war ein kleiner, stämmiger Mann und so war sein Bub auch: kräftig und eher untersetzt. Der Hansjörg war mein Freund, aber es war nicht immer leicht mit ihm. Einmal, als er fluchte wie ein Großer, sagte ich zu ihm: »Naa, Hansjörg, wenn des der liabe Gott hört!«, worauf er barsch antwortete: »Ach du mit deim ewigen Lieber Gott! Lieber Gott! Heint isch Rock 'n' Roll, woasch, sell zählt und sunscht nix!«, und er fing an zu singen: »One, two, three und six und klock rock.« So war er eben.

Der Hansjörg also wies direkt auf einen Vorteil dieses Spielanzugs hin: »Auf jeden Fall kriagsch do Luft ginua ban Seckl«, womit das Urteil über den Spielanzug als Sex-Spiel-Strampler mit Klimazone gesprochen war.

Ich war in der Klemme. Ich musste ihn anziehen, konnte mich darin aber nicht blicken lassen. Was tun? Ich deklarierte ihn kurzerhand bei den Mädels vom Stegener Weg, die immer schon ein Ohr für mich hatten, als Artistenanzug, den man für bestimmte akrobatische Übungen genau so brauche. Um zum Beispiel auf den glitschigen Brettern, die hinter der Werkstatt vom Staggl Harald über der Wiere lagen, ans andere Ufer zu balancieren, was allgemein als ziemlich riskant eingestuft wurde. Und überflüssig, weil zwanzig Meter weiter rechts ja eh eine kleine Brücke war.

Die Wiere war ein kleiner, leiser Nebenbach der Rienz, der am Stegener Weg vis-à-vis von unserem Haus die Öhler Säge und die Leitner Mühle antrieb. Die Rienz wiederum fließt durch Bruneck, ein Bach, der bei der Schneeschmelze zu einem reißenden, brüllenden Wasser wurde, das man in ganz Bruneck hören konnte. Das waren Wochen, in denen ich es ganz besonders genoss, auf einer der Brücken zu stehen und ins Wasser zu schauen und vor allem aufs Wasser zu hören, ich kenne – außer dem Rauschen von Nadelbäumen, was ein ganz spezifisches Rauschen ist, vollkommen anders als das Rauschen eines Laubwaldes, viel schärfer, viel stetiger, viel beruhigender – kein Geräusch, dem ich mich mehr hingeben kann als dem Rauschen von Wasser. Dazu kommt der Respekt vor dem Wasser, den man in den Bergen eingeflößt bekommt: Der kleinste Gebirgsbach kann zu einer lebensgefährlichen Bestie werden, wenn er zu Tal donnert, Steine, Geröll und Felsbrocken mitreißt und unten im Tal Felder und Häuser überschwemmt oder zerstört. Allein der Blick ins Tauferer Tal von Bruneck aus hat schon uns Kindern gezeigt, welch imponierende Anschwemmungen so ein Bach haben kann, von den gefährlichen Muren, den Gerölllawinen, ganz zu schweigen. Manchmal durfte ich im Jeep vom E-Werk, dessen Direktor mein Papa war, mitfahren, von Gais aus den Berg hoch und zwar durch das Bett vom Bach, der von Tesselberg runterkam: Diese Fahrten über Felsbrocken und Schotter im Bachbett haben mich enorm beeindruckt, so gefährlich wirkte das auf mich.

Von all dem hatte die Wiere, unser Hausbach, natürlich nichts. Aus ihr fischten wir kleine Tolme, hochdeutsch »Koppen«, was an sich schon viel Spaß machte. Hatten wir welche erwischt, ließen wir sie wie Kirschkerne durch die

Finger flutschen und es gewann, wessen Tolm am weitesten flog. Ich war in dieser Disziplin zwar nicht der Weltmeister, konnte mich aber ganz gut sehen lassen. »Tolm« war übrigens auch ein Schimpfwort, gleichbedeutend mit »Tolpatsch«, »Depp« oder so.

Die Helga und die Gianna vom Stegener Weg standen also vor mir und schauten mich mit großen Augen an, bereit, mir zu glauben, dass man so einen Spielanzug brauche, wenn man über die Bretter über der Wiere balancieren wollte. Was blieb mir anderes übrig, als es nun zu versuchen. Natürlich rutschte ich aus, natürlich fiel ich in die Wiere und natürlich gefiel es mir gut, dass die beiden Mädels vor Angst um mein Leben die Augen aufrissen.

Als ich dann windelnass aus der Wiere stieg und meine Mama »Konniiiiiiiii!« rufen hörte, wusste ich allerdings Bescheid. Ich ließ sie rufen und stand, zitternd vor Kälte, hinter der Mauer vom Staggl an der Wiere in der Hoffnung, dass der Anzug trocknen würde. An Ostern!

Eine Stunde später zoggelte ich pudelnass und bibbernd vor Kälte nach Hause, hatte aber das gute Gefühl, dass es diesem bescheuerten Spielanzug ganz recht geschähe, wenn jetzt gleich ein Riesentheater über uns hereinbrechen würde.

Die Rotonara

Wenn mein Papa nach dem Mittagessen auf einen kleinen Braunen ins Hotel »Zur Post« ging und dort die Brunecker Honoratioren traf, plauderte man stets über die Stadtereignisse und vor allem über die Weltlage, wie sie sich aus den Nachrichten um halb eins in Radio Beromünster darstellte. Die »richtigen« Nachrichten kamen auch nach dem Krieg immer noch aus der Schweiz, Radio Monte Ceneri oder Radio Beromünster, Punkt halb eins angekündigt von einem gellenden Sinuston, dreimal kurz, einmal lang, tip – tip – tip – tii-ip, das war die »Schweizer Zeit«, nach der wir unsere Uhren richteten – ohne diesen Ton sind heute noch Nachrichten für mich keine »richtigen« Nachrichten.

In diese beinahe schweizerisch präzise Behaglichkeit kam Bewegung, als das Hotel »Zur Post« eine kleine Tanzfläche mit einer Konzertmuschel für eine Tanzkapelle baute. Für die Sommermonate von Juni bis September sollte eine Attraktion her, Tanz unter Kastanienbäumen, gepflegtes Gesellschaftsleben in der Kleinstadt. Bruneck ist eben doch mondäner, als es scheint. Die Muschel, nicht ganz so philharmonös wie die Muscheln in unseren deutschen AOK-Bädern, in denen die Risse im Gemäuer von Saisonmusikern mit Silikonklängen zugestopft werden, dass es einen graust, bot vier bis fünf Musikern Platz und öffnete sich auf eine kleine Tanzfläche, alles open air, versteht sich. Ein paar Lampen hingen in der Luft und sorgten für ein Licht, das noch gesellschaftlich tragbar, aber schon ein bisschen, ein ganz kleines bisschen anzüglich war. Fellini hätte an diesem Licht seine Freude gehabt.

Natürlich war tout Bruneck in Aufregung, als alles fertig war und das erste Mal in die Sommernacht hineingetanzt werden sollte. Alles machte sich fein, na ja, jedenfalls die Hautevolee von Bruneck, und wir Kinder am Stegener Weg bekamen für diesen Abend Ausgehverbot, weil die Eltern nicht zu Hause sein würden.

Damit war unsere Neugier nicht mehr zu bremsen. Dies umso mehr, als sie so einfach zu befriedigen war.

Kaum sind die Eltern an diesem ersten Samstagabend aus dem Haus, gibt es kein Halten mehr. Ich ziehe mich an, gehe auf leisen Sohlen vom ersten Stock die Treppe runter ins Erdgeschoss, schlüpfe durch die Tür, gehe am Zimmer vom Dienstmädchen vorbei – ich glaube, es war in der Zeit die Regina, es kann aber auch die Liesl, das »Luader«, wie meine Mama immer sagte, gewesen sein – zu unserem Treffpunkt, der Linde. »Luader« nannte meine Mama die Liesl, weil sie abends wohl des Öfteren in der offenen Haustür stand und ihre Liebesdienste anbot, ihr Zimmer lag ja so günstig außerhalb der Wohnung unten an der Treppe, außerdem war sie so kurzsichtig, dass sie das Aussehen der Männer nicht wirklich gestört haben kann.

An der Linde warten schon der Seppl, 's Korile und einige andere meiner Freunde. Jetzt den Rain hinauf, am Grebmer-Stall vorbei, dessen Wände immer warm waren und so vertraut nach Kühen, Heu und Staub rochen, dass es eine Freude war, Schwärme von Fledermäusen, die oben in dem Mauerwerk hinter den Luftluken hausten, fliegen uns um die Köpfe. Ihr lautloses Flattern und das leise Piepsen, das die Kinderohren noch hören können, gehörten zu den lauen Sommerabenden wie Räuber-und-Gendarm oder »Derwischilaz«, also Fangen. Jetzt seitlich vom Stall über den Zaun geklettert und Richtung Graben laufen und schon sind wir da. Da sitzen also die Brunecker mit ihren Gattinnen, wir hören gepflegtes Gemurmel, wir riechen aufregenden und verheißungsvollen Zigarettenrauch, wir hören aus der Muschel verlockende Töne: Rumba, Mambo, Cha-Cha-Cha, Fox und – natürlich Tango.

Ein Akkordeon fängt an, eine Geige schluchzt, Rumbanüsse, wie wir sie nannten, geben den Rhythmus an und eine Sängerin mit einer Stimme wie Nilla Pizzi (»Lo sai che i papaveri son alti, alti, alti ... – die süßesten Früchte fressen nur die großen Tiere«) fängt an zu singen. Gepflegt schiebt die Kapelle, oder il complesso, wie wir damals sagten, einen Klassiker nach dem anderen in die Nacht, dann kommt der erste Tango und da passiert es. Frau Rotonara betritt die Tanzfläche, und wie sie das tat, veränderte mein Leben, also mein Tango-Leben.

Frau Rotonara war die Frau des Kommissionärs Rotonara, sein Beruf war, für die Brunecker Besorgungen in Bozen oder Brixen zu machen: Einkäufe, Behördengänge, was alles so anfiel.

»Konni, fahrsch oi zin Rotonara und sagsch, i brauch wieder amol Rettichsamen vom Biasion in Bozen, zwoa Briaflen vom schwarzn Sommerrettich und vierzig Setzlinge Eisbergsalat, den mögts es alle gearn, und nimm de Bluse mit, de muass zum Nagele in die chemische Reinigung, aber sie sollen aufpassen, des isch a ganz a hoakles Schtöffl, sagsches ihm, gell, naa, sogs liaber ihr, de verschteaht des besser.«

Also radle ich zum Rotonara, gegenüber von der Harpf-Villa und »meiner« Burgl, die ich natürlich bei der Gelegenheit besuche, was sie mir wie immer mit Köstlichkeiten aus Tante Marthas Küche und Speisekammer lohnen wird. Zwei Tage später werde ich dann wieder zum Rotonara fahren, um die besorgten Sachen abzuholen – eine regelmäßig wiederkehrende Aktion während meines Kinderlebens.

Als Mitglied der Elternwelt hat mich Frau Rotonara weniger interessiert, so, wie sie in dem halbdunklen Raum stand, vor sich ein großes Buch, in das sie die Aufträge notierte. Wirklich beeindruckt hat sie mich erst auf der Tanzfläche vom Hotel »Zur Post« beim Tango, der schönsten Musik der Welt.

Den Kopf in den Nacken gedrückt, die Augen halb geschlossen, der ganze Körper in einer Spannung, die sogar wir Kinder hinter der Hecke spüren, dass uns ganz anders wird, als würden uns die Ameisen an den Beinen hochkriechen: eine Naturgewalt, eine Erscheinung. Eine große Frau mit leuchtend rötlichem Haar, üppig ist da wohl das richtige Wort. Mir kommt sie vor wie die Frau an sich, unerreichbar, majestätisch, ungeheuer selbstbewusst und ohne jede Aufgeregtheit in sich ruhend. Sie strahlt einen Stolz aus, den »erotisch« zu nennen eine Untertreibung wäre. Es riecht nach Mama, nach Frau und nach etwas ganz Unbekanntem, Schwerem, Betörendem, Wunderbarem.

Sie trägt ein Wickelkleid, auf dem große Mohnblüten prangen – »Pa! Kartoffeldruck«, sagte etwas abschätzig meine Mama. Sie schnallt sich ihren Mann um – ich habe ihn als Streichholz in Erinnerung, das sie zwischen ihre Brüste geklemmt vor sich herschob – und fängt an zu tanzen. Die Paare um sie herum versinken im Grau der Statisterie, sie merken es wohl auch selbst und reduzieren ihre Schritte auf das Allernötigste, um den großen Auftritt nicht zu stören. Mir scheint es, als wäre die Rotonara die einzige Tänzerin auf der Tanzfläche. In gleißendes Licht getaucht tanzt sie das Ende der Welt in einer Versunkenheit, die mir den Atem raubt. Hier geht es um das Leben als Ganzes, das Leben als Frau, der Beherrscherin des Universums. Keiner, auch wir Kinder hinter dem Zaun, hat auch nur den leisesten Zweifel daran, dass sich hier eine Königin zeigt, nein, dass hier eine Königin Hof hält. Alle Welt soll sie sehen, alle Welt soll ihr huldigen. Die Rotonara tanzt Tango, nein, sie ist Tango.

Die Schwimmschuile

»Es müasst unbedingt schwimmen lernen, Buaben, es wißts gar net, wie wichtig des sein kann im Leben«, hatte der Papa gesagt und das hieß: Schwimmschuile im Städtischen Freibad Bruneck. Er hätte gar nichts dazu sagen brauchen, denn die Schwimmschuile war sowieso ein Muss in jedem Brunecker Kinderleben. Von Juni bis in den September hinein spielte sich fast das ganze Leben für uns Kleinen in der Schwimmschuile ab, zumindest an den Werktagen – VIERMONATELANGKEINESCHULENUR-EINFACHFERIENUNDNICHTSTUNISTDASNICHT-TOLL?!! Für uns Kinder war das das Paradies, für die Eltern muss es die Hölle gewesen sein.

Ich fuhr mit dem Rad über den Kapuzinerplatz, links an der Rienz hoch, dann über die Brücke, dann links weiter, an den Tennisplätzen vorbei, den rauschenden Bäumen, die den Weg zur Schwimmschuile säumten, und ab da sah, hörte und roch ich sie schon. Da waren die dunkelbraunen Holzwände, die Rückwände der Umkleidekabinen, die sich an der Straße Richtung Lamprechtsburg dahinzogen, das Gekreische der Kinder und der Geruch von feuchtem Holz, Schweiß, gechlortem Wasser, Sonne, Sonnenöl und Urin – eine unwiderstehliche Mischung, die jeden euphorisierte, schon bevor man umgezogen war. Hier war Haut, Lust, Leben und alles, was schön ist.

Jetzt das Rad angelehnt und, eventuell, wenn man noch die Muße dazu hatte, abgesperrt, dann vor dem kleinen Türchen in die Schlange, das zum Kassenhäuschen führte. Das Kassenhäuschen war ebenfalls aus feuchtem und dunklem Holz und hatte auf der Vorderseite ein Drahtgitter. Da zahlte man im Halbdunkel seinen Obolus und durfte rein. Rechts neben dem Eingang waren der Kiosk, die Toiletten, das kleine Ein-Meter-Brett, daneben der Aufstieg zum Fünf-Meter-Brett und dann ging's die Böschung runter zum Flugballfeld.

In der Schwimmschuile konnten die Größeren unter uns, anders als beim Platzkonzert am Samstagabend, wo ja das ganze ältere Bruneck auch auf den Beinen war, sich ohne Kontrolle anschauen, was auf dem Markt so los war. Die Mädels konnten ihre Figur zur Schau tragen und die Jungs konnten zeigen, was sie körperlich so draufhatten: beim Flugballspielen oder beim Turmspringen. Und bei Sympathie bekamen sie ein Plätzchen auf einer der Holzliegen frei gemacht, auf denen die Schönen lagen.

In der Mittagspause, wenn dann die ganz Großen auch noch kamen, die schon arbeiteten oder eine Lehre machten und nicht an den Ahrstrand gefahren waren, wurde es rappelvoll in der Schwimmschuile.

Wir Kinder bewunderten natürlich alle Großen, wir überließen ihnen für die Zeit der Mittagspause das Flugballfeld, schauten ihnen zu und holten ihnen die Bälle aus dem Aus. Und natürlich lachten wir über ihre Scherze und benahmen uns überhaupt so, wie es jeder Zoobesucher vom Pavianfelsen her kennt: Die Ausgewachsenen agieren, die Kleinen beobachten, imitieren am Seitenrand und warten, bis sie selber so groß sind, dass sie das tun können, was eben nur die Großen dürfen.

Zu Mittag gegessen haben wir Kinder natürlich auch in

der Schwimmschuile: trockenes Brot vor allem – an guten Tagen brachte ich es auf ein bis anderthalb Laibe vom wunderbaren Roggen-Sauerteigbrot vom Bäcker Frisch, dem ich heute noch dafür eine Goldmedaille nach der anderen umhängen würde –, und wenn einer eine Aranciata haben wollte, hat er sich eine am Kiosk bei der Frau Geier gekauft.

Ich muss so um die sechs Jahre alt, also schon in der Schule gewesen sein, als ich im Brunecker Freibad schwimmen lernte. Ich erinnere mich daran, dass meine Mitschüler mir dabei zusahen. Jeden Brunecker hat es erwischt, also auch mich.

Schwimmen lernen war bei uns eine recht flotte Angelegenheit: Der Schwimmmeister pfiff einen zu sich und gegen das, was dann kam, ist das, was die Marines beim amerikanischen Militär machen müssen, der reinste Kindergarten. Der Bademeister war keine Respektsperson, er war unser absoluter Angstgegner. Er war klein, untersetzt, hieß Geier, er war der Mann von der Frau Geier, hatte immer eine schwarze Hose an und stand bei uns im Ruf, Kinderquäler zu sein.

Und er war nicht nur Schwimmmeister, er war auch Krampus, wie mein Freund Seppl und ich einmal am Abend vor Nikolaus herausgefunden hatten.

Wir Kinder hatten uns wie jedes Jahr am Nikolausvorabend um sechs Uhr vor dem »Hirschen« in der Stadtgasse versammelt und bibbernd vor Angst und Anspannung darauf gewartet, dass die Krampusse, also die Teufel, aus dem Gasthaus traten, um uns zu jagen. Irgendwann sprang dann die Tür des Wirtshauses auf und zehn, zwölf Teufel kamen herausgesprungen, alle in schwarzen Fellen mit Teufelsmasken, mit großen Hörnern auf den Köpfen und einer riesigen, langen feuerroten Zunge, die ihnen aus dem Maul bis fast auf den Boden hing. Sie machten ein paar Luftsprünge und schauten sich nach uns um. Ihre Augen, so schien uns, rollten grausig hin und her, der Dampf der Hölle quoll hinter ihnen aus der Tür des »Hirschen«. Sie hatten lange Ketten in der Hand, die sie über ihren Köpfen schwangen und mit denen sie aufs Kopfsteinpflaster der Stadtgasse schlugen. Wir schrien und liefen los, sie, wie immer, hinter uns her. Seppl und ich flohen diesmal nicht durch die Stadtgasse, dort hätten sie uns sowieso bald eingeholt, sondern Richtung Florianitor und dann in die Hintergasse, ein Gässchen zwischen Stadtgasse und Graben, wo eigentlich nur die Hintereingänge der beiden Häuserreihen waren. Eng war es dort, feucht und absolut dunkel, nein, schlimmer: finster. Der Seppl und ich liefen in dieses Dunkel hinein, einer der Teufel aber hatte uns gesehen. Er blieb im Licht der Florianigasse stehen und schaute in die Hintergasse. Dabei hielt er sich die Hand über die Augen, was mich wunderte, weil ich dachte, dass Teufel doch im Dunklen eigentlich ganz besonders gut sehen müssten. Der Seppl und ich standen an eine Hauswand gelehnt, wagten nicht zu atmen und hofften, dass er uns nicht sehen würde. Da sprang er in die Luft, lief laut brüllend in unsere Richtung: »Enk kriag i no, enk kriag i no – euch kriege ich noch, euch kriege ich noch!« und rasselte wild mit der Kette. Erst waren wir vor Schreck ganz starr, dann liefen wir los: am Hintereingang vom Betrieb meines Onkels Franz vorbei Richtung Ursulinentor, links um die Ecke, rechts um die Ecke und durch das Tor. Da waren wir schon nicht mehr ganz so ängstlich, denn wir hatten inzwischen die Stimme erkannt: Der Krampus, der uns verfolgt hatte, hatte die Stimme vom

Schwimmmeister, vom alten Geier. Damit war klar, dass der zumindest kein echter Krampus war, und das war sehr, sehr beruhigend.

Wenn der Geier – so nannten wir ihn respektlos, niemand hätte Herr Geier gesagt – einen also zu sich zum Schwimmunterricht pfiff, war das wie der Gang zum Kalvarienberg. Es war DAS Schauspiel schlechthin in der Schwimmschule und keiner ließ es sich entgehen. Auf dem Weg zur Umkleidekabine musste man am Geländer vorbei, das den Weg zum Bassin sicherte und an dem war das Folterinstrument befestigt, mit dem wir Brunecker Kinder schwimmen lernten: die lange Stange mit dem Seil, an dem die Bauchbinde hing, ein Stück Feuerwehrschlauch, den man um den Bauch gebunden bekam, wenn man zum Unterricht verdammt war.

Der Geier legt also auch mir irgendwann diesen Schwimmgürtel an und zurrt ihn im Rücken fest.

»So, Beikircher«, herrscht er mich an, »und iatz mache mit die Arme so«, und zeigt mir die Bewegung, die ich zu machen habe, »und mit die Fiaß machsche wia a Frosch, sell wersche woll gsegn haben wie de tian, oder?«

Dann zieht er mich an der Hand ans obere Ende des Bassins bei der Kasse und schubst mich ins Wasser.

»Brauchsch koan Angscht zi hobn, i heb di schun – Brauchst keine Angst zu haben, ich halt dich schon«, sagt er, da bin ich aber schon im Wasser.

Tatsächlich: Der Geier hält die Stange nach oben, sodass ich nicht untergehen kann, meine Angst lässt ein wenig nach und es kommt sogar etwas wie Vertrauen auf. Ich versuche, die Bewegungen, die er mir gezeigt hat, irgendwie hinzubekommen, ich weiß, dass er gnadenlos ist, dass es jetzt keinen Zweck hat, nach Papa und Mama zu weinen, die ja ohnehin nicht da sind, nicht mal meine Brüder sind da, ich bin allein und alle schauen zu, also strample ich vor mich hin und rette mich mit »Hunddilan«, Hundekraulen, Hauptsache mit dem Kopf über Wasser bleiben, alles andere ist Nebensache.

Der Geier schreit: »Geahtschun, geahtschun, loss la giahn, Beikircher – geht schon, geht schon, lass nur laufen, Beikircher.«

Und dann passiert's: Der Geier lässt die Stange sinken. Das ist der Augenblick, auf den alle gewartet haben, das »Steckn«, das Untertauchen, weil er es bei jedem macht, dem er Schwimmen beibringt. Die Zuschauer johlen, schreien, klatschen und der Geier steckt mich unter Wasser, ich strample, ich bekomme keine Luft, ich habe panische Angst, er lässt mich ertrinken, ich schlage um mich und er lässt mich immer noch unten, ich sehe die Beine von anderen neben mir im Wasser, ich sehe über mir durch das Wasser den Geier lachen, ich versuche das Seil zu greifen, ich ertrinke, ich gehe unter, gleich ist es aus. Da habe ich plötzlich die Sprossen der Leiter vor mir, die aus dem Becken führt. Ich ziehe mich daran hoch, Kopf aus dem Wasser, Luft holen und rausklettern.

Kaum bin ich aus dem Wasser, passiert das eigentliche Unglück: Ich mach mir in die Badehose. Die Scheiße läuft mir die Waden runter.

Der Geier packt mich am Schwimmgürtel und schubst mich ins Klo, neben der Kasse, lässt die Tür auf, zieht mir die Hosen runter und holt den dicken Wasserschlauch. Er stellt sich draußen hin, alle stehen um ihn rum und singen:

Konradl ridl radl,
mit die dicken Widl wadl ...

Immer weiter, und der Geier spritzt mich ab, von oben bis unten und hört nicht auf, der Wasserstrahl tut weh, richtig weh, und wieder bekomme ich keine Luft. Dann ist alles vorbei. Ich gehe am Geier vorbei zur Kabine, zieh mich an und schleiche mich nach Hause.

Am nächsten Tag kam der Seppl bei mir vorbei und sagte: »Heint bin i dran, kimmsche mit?«

Da waren Angst, Scham und Wut wie weggeblasen, ich holte die Schwimmhose und ein Handtuch, wir fuhren mit dem Rad in die Schwimmschuile.

Und als der Seppl mich fragte: »Moansche konnschis? – meinst du, dass du es kannst?«, traute ich mich ins Wasser und merkte nach ein paar Zügen, dass ich zumindest nicht unterging. Was für ein Gefühl!

Da erst erzählte ich meinem Papa, dass ich schwimmen konnte, und er war stolz auf mich.

Wer war da schon der alte Geier!

Wie uns die Deutschen überrumpelten

Als ich die ersten deutschen Touristen sah, die friedlich nach Südtirol kamen, war ich höchstens fünf Jahre alt.

Die ersten kamen mit Fahrrädern. Das muss man sich mal vorstellen: mit Fahrrädern. Aus Deutschland!

Wenn wir mit Papa in der Balilla nach Bozen mitfahren durften, überholten wir sie und Papa meinte immer ganz beruhigt, dass es gut sei, dass er ein rechts gesteuertes Auto fahre – so blieb das, bis er aufhörte zu fahren –, weil das für die Radfahrer weniger gefährlich sei. Die Deutschen schienen die vorbeibrausenden Autos aber sowieso nicht zu stören. Unverdrossen radelten sie auf den äußersten zwanzig Zentimetern Asphalt rechts Richtung Bozen, einen Fuß immer am Bordstein. Es nötigte mir einen gewissen Respekt ab, vor allem wegen der dafür erforderlichen ciclisti-schen, wie wir es nannten, also radfahrtechnischen Fertig-keiten.

Tatsächlich war es so, dass mehr Deutsche als Österrei-cher zu uns kamen, und es hieß sogar, sie hätten mehr Geld, was aber noch rätselhafter machte, dass sie mit dem Fahrrad kamen. Die meisten Touristen in Südtirol aller-dings kamen aus Italien: Die Italiener waren im August, also Ferragosto, eine Woche unterwegs – entweder am

Meer oder in den Bergen. Sie wanderten dann in den Dolomiten in Armentarola bei Sankt Kassian, ohnehin eine der schönsten Gegenden in Südtirol, auf den wunderbaren Schotterstraßen, weißer Schotter aus Dolomitgestein, er riecht wundervoll mineralisch und färbt die Schuhe ganz weiß. Und sie sangen gerne kleine Liedchen, wie Papas Freunde, ein Ehepaar aus Triest, mit denen unsere Familie häufiger wanderte. Wenn sie gut gelaunt war, sang sie immer:

Il mio marito è bong,
il mio marito è bong,
ma solo la domenica mi batte col bastong.
Mein Mann ist gut,
Mein Mann ist gut,
Nur am Sonntag haut er mich mit dem Stock.

Wir sangen alle mit und wir Kinder wunderten uns, dass sie so fröhlich sang, wo er sie doch jeden Sonntag ...?

Ich empfand als besonders angenehm bei den italienischen Sommerfrischlern, dass sie nie übertrieben. Sie wanderten ein, vielleicht zwei Stündchen, dann wurde ein Päuschen gemacht, was getrunken, ein bisschen gesessen, immer wurde viel geplaudert und das Wichtigste: Die dem Italiener heiligen Essenszeiten wurden NIE aus dem Auge verloren. Alles wurde so eingerichtet, dass man die Mahlzeiten einhalten konnte, Mittagessen, Marende, gegen vier Uhr nachmittags, und Abendessen. Dieser Rhythmus hatte es mir damals schon angetan.

Dagegen die Deutschen! Mit dem Fahrrad erst mal zu uns und dann auch noch in jedes Tal, immer Pensum, immer auf die Uhr schauen, nie einen Grashalm im Mundwinkel wie wir und einfach in die Wolken schauen. Sie sind halt schon sehr anders als wir, stellten wir fest, in allem.

Eine Woche brauchten sie bis ins Pustertal, mussten dann auf dem Sattel kehrtmachen, damit sie pünktlich eine Woche später wieder zu Hause waren. So jedenfalls hatten wir uns das vorgestellt. Und was die anhatten! Sie saßen im Kleppermantel – man stelle sich Johannes Heesters als knöchellanges Regencape vor, nur lustiger! – auf dem Sattel, hinten links und rechts vom Reifen je eine Satteltasche, sie hatten Rücktrittbremsen mit Radnaben wie ein Traktor und sie hatten NABENSCHALTUNG! Sie hatten keine sportliche Campagnolo-Schaltung, wie es sich gehörte, immerhin eine Schaltung, die auch eines Gino Bartali oder eines Fausto Coppi würdig war, nein, die Deutschen kreuzten mit der Torpedo-Drei-Gang-Schaltung auf, das Aller-Allerletzte, das wussten selbst wir Kinder damals schon! Warum nicht gleich mit Leiterwagen oder Eselskarren? Wer sich so eine Schaltung antut, fährt auch Hanomag Kommissbrot und scheuert jeden Samstag die Autobahn mit Seife, wie uns die Italiener erzählten, was wir gerne glaubten, wenn auch mit Kopfschütteln. In ganz Bruneck, ach, in ganz Südtirol, Quatsch, in ganz Italien gab es niemanden, der mit einer Torpedo-Schaltung gefahren wäre, vielleicht die alte Frau Walsthöny, weil sie so einen Landauer als Fahrrad fuhr, aber nein, auch sie hatte Stil und Geschmack, so was wäre ihr niemals unter die Hufe gekommen. So eine Torpedo-Nabenschaltung hätten in Bruneck noch nicht mal die Angler für ihre Angel genommen, die Forellen oder Äschen hätten sich totgelacht und lieber beim Bischof in Brixen gebissen oder sich gleich freiwillig im Forellenpuff, der Fischzucht, ebenfalls in Brixen, gemeldet. Wir hatten für diese Deutschen, die in derart unmöglichem Aufzug mit derart unmöglichem Equipment in unser Land kamen, noch nicht mal Spott übrig, wir hatten nur Mitleid.

Es sollte aber noch ärger kommen: Ab 1952/53 kamen die Deutschen im Messerschmitt-Kabinenroller. Das war nicht mehr zu überbieten. Für so was, witzelten wir, brauchst du noch nicht mal das Patent, also den Führerschein, so was geht als Rucksack durch. Zusammengequetscht saßen sie da drin, vorne der Fahrer, hinter ihm, nein, auf ihm quasi, seine Frau als Rückenmarksimplantat. Man stieg in Köln ein, Freunde mussten den Deckel draufpappen und ab ging's. Aussteigen ging in den meisten Fällen nicht, wenn die Sardine erst mal in der Dose ist, kommt sie alleine nicht wieder raus. Da müssen schon andere zur Hand gehen, öffnen die Dose und holen das Futter raus.

Einige wenige aber schafften es auszusteigen – *wie* sie das alleine geschafft haben, da rauszukommen, wird ein ewiges Rätsel bleiben, aber damals glaubte man ja allgemein, dass die Deutschen alles können würden, man müsste sie nur zwingen – und dann machten sie Folgendes: Kaum am Brenner angekommen, zogen sie das Hemd aus und die kurzen Hosen an und füllten den Teil des Autoinnenraums, der nicht von den Insassen beansprucht wurde, mit Zitronen. Zitronen, die sie am Brenner kauften, weil man ja jetzt nach Italien kam. Zitronen! Am Brenner! Das kälteste, windigste, unwirtlichste Loch der Welt schon vor der Erfindung der Schneekanonen. Allerdings ist auch, das muss zur Verteidigung der Deutschen gesagt werden, Hannibal mit seinen Elefanten über den Brenner gen Rom gezogen – dachte ich jedenfalls immer. Im Hotel »Elefant« in Brixen gab und gibt es ein tolles Fresko, auf dem zu sehen ist, wie ein Elefant nach Brixen kommt, und zwar nicht irgendeiner, sondern der Soliman. Ihn hatte Erzherzog

Maximilian 1551 in Madrid geschenkt bekommen, ihn dann aufs Schiff gepackt und von Genua aus gelangte der Soliman gemächlich über den Brenner nach Brixen, wo er vierzehn Tage Station machte, um dann weiter nach Wien zu fahren. Eine Geschichte, die jeder Südtiroler kennt. Also wird es beim Hannibal auch so gewesen sein und, bitte schön, wo soll der denn sonst die Alpen überquert haben.

So holperten die Deutschen nun im Messerschmitt-Kabinenroller über den Brenner Richtung Gardasee und einige drifteten ins Pustertal ab: Nass geschwitzt, im Feinripp – man konnte sie kaum erkennen, weil innen die Brühe die Scheiben runterlief, nur gab es dort keinen Scheibenwischer – tasteten sie sich in ihrem Gefährt bis nach Bruneck vor.

Als sie eine Gruppe harmloser Kinder sahen, hielten sie an, um sie nach dem Weg zu fragen. Es machte plopp!, der Deckel klappte auf und ein männlicher Süßwasserpolyp in kurzen Hosen stand vor uns. Kurze Hosen! Bei einem Mann! So was trugen der Südtiroler und der Italiener noch nicht mal im Bett! NIEMALS! Für einen Mann ein unerträgliches Kleidungsstück! In kurzen Hosen sehen Männerbeine aus, als hätte der Puppendoktor sich beim Einhängen vertan, zumindest im Normalfall. Für uns war dieser Anblick ein regelrechter Kulturschock und wir rächten uns dafür. Wir machten uns einen Spaß daraus, diese Außerirdischen ins Messer laufen zu lassen.

Sie kamen mit einem gekünstelten Lächeln auf den Lippen auf uns zu und meinten, uns zeigen zu müssen, dass sie italienisch können. Sie fragten, wo es denn zur »Píazza Cappúccini« gehe, was, wenn schon, »Píazza Cappuccíni« heißen müsste und den Kapuzinerplatz meint. Kalt lächelnd schickten wir sie via Stegener Weg nach Stegen – kurz vor dem Kapuzinerplatz links runter und dann sollen die mal sehen, wie sie da jemals wieder zurückfinden! Sie fragten, wo es denn zum »Laro Cáldaro« statt zum »Lago di Caldáro«, also dem Kalterer See, gehe, dann, wie weit es nach Milano sei, das Mailand heißt. Im Pustertal nach dem Kalterer See oder nach Mailand fragen, das war demütigend und keiner Antwort wert!

Egal was sie fragten, es war grundsätzlich für uns nicht zu verstehen, und es machte uns einen Heidenspaß, sie zu verwirren. Aber wir sorgten letztendlich dafür, dass sie Bruneck und Südtirol richtig kennenlernten und das war bestimmt eine gute Tat.

Wehe aber, wenn sie uns auf Deutsch ansprachen! Ja, sehe ich denn aus wie ein Hüterbub oder ein Almseppl? Glauben die denn, die sind in Nordtirol? Nordtirol, Österreich! Ohnehin das Schlimmste, was einem Südtiroler passieren kann. Wenn sie uns so kamen, die Deutschen, dann sprachen wir nur italienisch, schauten Girlanden in die Luft und hatten wieder einfach nur Mitleid mit diesen armen, hilflosen Menschen, denen es zwar langsam wieder besser ging, die aber immer noch nicht zu wissen schienen, wie das geht, das lockere Leben all'italiana.

Bremsen-Formel-1

Bald hinter dem Stegener Weg fingen die Wiesen an, auf denen die reichen Stegener Bauern ihr Vieh stehen hatten. Wenn es warm ist, und in Bruneck ist es im Sommer warm – in den frühen Fünfzigern waren die Sommer in Bruneck sogar legendär heiß –, sind da, wo Kühe sind, Rinderbremsen. Viele Rinderbremsen. Meine ganze Kindheit ist von Rinderbremsen geprägt. Es tat höllisch weh, wenn man von ihnen gebissen wurde, und deshalb ist es auch heute noch so, dass keine Rinderbremse überlebt, wenn sie in meine Nähe kommt.

Was für ein Vergnügen, sie beim Anflug zu beobachten, die Spannung, sie auf dem Arm landen zu lassen und dabei den anderen schon zum Schlag anzuspannen, die Lust, mit der flachen Hand, kurz bevor das Viech einem die Stechborsten in die Haut bohren will, draufzuhauen und dabei darauf zu achten, dass sie nicht direkt zu Tode kartätscht wird, sondern dass sie das Ganze noch erlebt, der Triumph, wenn sie dann auf der Haut quasi im Liegen taumelt – Bremsen können das –, um dann schließlich besinnungslos auf den Boden zu fallen, die Befriedigung, wenn man der am Boden Liegenden mit dem Absatz den Rest gibt – das war schon Hohe Schule und im Erleben nicht weit von Rocky Marciano und Konsorten entfernt. Nur, während man sich mit dieser einen beschäftigte, hatte eine andere schon längst zugeschlagen.

Der Krieg gegen die Bremsen musste also mit geschlossenem Visier geführt werden, und hier ging es nicht in erster Linie um Sieg, hier ging es vor allem um Demütigung. Und dabei war alles erlaubt. Ich glaube, die zündende Idee, wie dieser Krieg am besten zu führen sei, stammte von mir: den Feind in Cerini-Schächtelchen fangen.

Cerini, »Die Wächsernen«, sind kleine Wachsstreichhölzchen, aufgerolltes, in Wachs getauchtes Papier mit Zündkopf. Die eleganteste Form des Feuergebens, natürlich eine italienische Erfindung. Sie anzuzünden erfordert einiges Geschick, weil das Hölzchen sehr weich ist und umknicken kann: Man muss mit Zeigefinger und Daumen das Stäbchen am unteren Ende festhalten und mit dem Mittelfinger das Köpfchen gegen die Reibefläche drücken, jetzt schnell ziehen, in rechtem Maße drücken und den Mittelfinger gleich wegnehmen, dann brennt für einen Moment dieses unvergleichliche Flämmchen. Allerdings nicht so gelb wie bei Holzstreichhölzern und erst recht nicht so intensiv gelb wie bei richtigen Schwefelhölzchen, die es heute nicht mehr gibt und die Maurerhölzchen hießen, weil man sie überall anzünden konnte, eben auch an der Mauer.

Die hölzerne Konkurrenz hat in den letzten Jahren eine bösartige Kampagne gestartet: Die Cerini seien giftiger als die hölzernen, weil sie mehr Kohlenmonoxide enthielten, wegen des Wachses. Pa! Ich kann nur sagen, das Flämmchen ist schöner, das Anzünden, wenn es denn klappt, ein Erfolgserlebnis und das Ganze einfach eleganter!

Die Cerini befinden sich in einem Pappdöschen mit Schubladenprinzip: In der Außenschachtel, gerne mit Bildern italienischer Städte verschönt, steckt eine grüne

Schublade. Diese hat auf der Oberseite eine kleine Klappe, die man hochzieht, um an die Cerini zu kommen. Cerini sind zwar nicht so solide wie die deutsche Wertarbeit der Welthölzer – die kamen uns damals eher wie Möbelstücke vor –, aber trotzdem ein Meisterwerk!!

Wie der Krieg gegen die Bremsen dann genau auszusehen hatte, war, wie ich uns Kinder vom Stegener Weg in Erinnerung habe, eine kollektive Idee. Ich weiß noch, dass es eine Diskussion gab, ob man mit Blut oder mit Honig locken sollte. Honig hat sich durchgesetzt, aus naheliegenden Gründen.

In das Schublädchen des Cerini-Schächtelchens kam ein Tropfen Honig. Dann ging es über den Zaun auf die Wiese zu einer Kuh – vor denen hatten wir natürlich keine Angst: Kühe sind schließlich intelligenter als ihr Ruf, sie hören auf Namen und wenn man ein paar Mal bei ihnen war, kennen sie einen. Man stand also da in der Nähe der Kuh und hielt das offene Schächtelchen mit ausgestreckten Armen vor sich und wartete. Natürlich mit vollen Hosen, aber das hat man sich nicht anmerken lassen. Die Bremse ließ nicht lange auf sich warten, versuchte zwar, erst auf einem Arm zu landen, sobald sie aber den Honig gerochen hatte, war es um sie geschehen. Neugierig krabbelte sie zu dem Schächtelchen und sowie sie auch nur die Spitze ihres Rüssels in den Honig getaucht hatte, stupste man sie dort hinein und schob das Schublädchen zu. So, das war der erste Teil.

Natürlich quengelte die Bremse jetzt ein halbes Stündchen rum. Währenddessen wurden weitere auf die gleiche Art gefangen und die von daheim organisierten Trinkhalme zugeschnitten. Diese Halme waren reine Natur aus echtem Stroh, Plastikhalme gab es ja noch nicht! Und sie hatten Geruch und Geschmack: Sie rochen ein bisschen staubig und schmeckten nach Stroh eben und genau das gab dem ersten Schluck aus einer Kracherle-Flasche oder einer Aranciata etwas Unvergleichliches. Aus jedem dieser Strohhalme schnitten wir drei kleine, die wir jeweils an einem Ende zu beiden Seiten mit dem Messerchen anschlitzten, sodass sich dieses Ende ein bisschen nach außen bog.

Die Bremsen hatten sich inzwischen beruhigt und waren jetzt reif für den zweiten, den entscheidenden Teil des Krieges. Das Schächtelchen wurde vorsichtig geöffnet und der Feind, der sich mit dem Rüssel wahrscheinlich im Honig festgesaugt hatte, mit zwei Fingern kräftig im Nacken gedrückt – aber nicht zu sehr, er musste unbedingt flugfähig bleiben. Hatte man die Bremse im Griff, wurde das Schublädchen ganz herausgezogen. Das Insekt hat natürlich wütend mit seinem Hinterteil und gezücktem Stachel um sich gestochen und genau darauf hatten wir gewartet: Jetzt wurde mit gezieltem Stoß der Bremse das aufgeschlitzte Ende des Strohhalms über das Hinterteil geschoben und der Feind war geliefert. Bis zur Brust steckte er im Halm, den wir jetzt Auspuff nannten und zwar deshalb, weil sich ab diesem Moment das Geräusch, das die Bremse machte, verhundertfachte. Die Bremse war getunt.

Nun stellten wir uns nebeneinander auf und ließen auf Kommando die Bremsen auf unserer Targa Florio fliegen. Mit klassischem Formel-1-Sound – dem Sound von Juan Manuel Fangio, ohnehin dem größten Fahrer aller Zeiten, das waren noch Töne und nicht so ein Gewinsel wie heute! – flogen die Biester los. Vom Gewicht des Auspuffs wurden sie allerdings so gebremst, dass sie nach zehn bis fünfzehn Metern abstürzten. Wessen Bremse am weitesten flog, der hatte gewonnen. Mit Triumphgeheul zogen wir dann den

Bremsen den Auspuff ab, manchmal konnten wir ihn bis zu drei Mal verwenden.

Der wahre Triumph lag letztendlich natürlich unterm Schuh: Mit einem Tritt die Bremse zu erwischen, ohne den Strohhalm zu beschädigen, war unser größter Ehrgeiz. Wer Superga-Turnschuhe anhatte, war im Vorteil, weil die eine rasiermesserscharfe Vorderkante hatten.

Wir haben zwar nicht, wie die Jäger, die toten Bremsen zur Strecke gelegt, aber stolz waren wir auf unseren Beitrag, die Menschheit von dieser Plage zu befreien, schon!

Die Campidell

Meine Lehrerin war sie nie, die Campidell, ich hatte die schöne Mair als Klassenlehrerin, später den elastisch-sportlichen Federer und in Italienisch vom ersten Schuljahr an die Nolli, den Wonneproppen.

Die Nolli war klein und mollig, hatte Mausaugen, war immer bestens gelaunt, geduldig und mochte uns. Sie las uns »Pinocchio« vor und gab keine Ruhe, bis wir die Wörter »l'aiuola, le aiuole – das Beet, die Beete« so aussprechen konnten, dass man alle Vokale deutlich hören konnte. Der Mutschlechner Wilfried und ich hatten keine Schwierigkeiten damit, aber wir waren auch die beiden, die bis zum Ende der Volksschule in Bruneck in Konkurrenz zueinander lagen, wer denn nun der Beste der Klasse sei. Wir hatten in allen Fächern eine Zehn, jahraus, jahrein, er allerdings auch in Betragen und Schönschrift, da hatte ich nur eine Acht – und nachdem ich die Unterschrift von meinem Papa gefälscht hatte, sogar nur eine Sieben. Der Mutschlechner und ich wir vertrugen uns aber gut, er wohnte ja auch um die Ecke vom Stegener Weg, war also beinahe einer von uns.

Die Nolli hatte auch Geduld mit den Bauernkindern aus Stegen, die mit »l'aiuola, le aiuole« große Probleme hatten, was uns sehr zum Lachen reizte, ohne dass wir das gezeigt hätten, denn die Stegener waren stärker. Sie waren so abgehärtet, dass sie im Winter noch nicht einmal Mäntel brauchten. Sie kamen mit der dunkelkarierten Joppe in die Schule, der Jacke, die sie auch im Sommer anhatten. Zumindest dachte ich, dass das mit Abhärtung zu tun hätte, denn auf die Idee, dass die Eltern ihnen keinen Mantel kaufen konnten, weil sie kein Geld hatten, wäre ich nie gekommen. Wir Städter duldeten die Stegener, befreundet waren wir nicht mit ihnen. Und Stegen selbst war feindliches Territorium: Keiner von uns ist jemals bis nach Stegen ins Dorf gelaufen, zu fremd, zu weit weg, zu viel Respekt hatten wir einfach.

Nur einmal gab es einen Zusammenhalt, ein Zusammenstehen. Das war, als im Winter – es war eiskalt und auf der Straße waren überall Eisgallen – mittags die Schule aus war und wir alle auf die Straße liefen. Dabei rutschte ein Stegener Kind auf so einer Eisgalle aus, fiel auf den Hinterkopf und blieb vor unseren Augen regungslos liegen. Unter dem Kopf breitete sich eine immer größer werdende Blutlache aus und es war nicht nötig, dass die Lehrer uns wegtrieben, jeder von uns wusste, dass der Junge tot war. Da haben wir eine Zeit lang mit den Stegenern gehalten und in der Pause mit ihnen gespielt.

Wie er so dalag in seinem Blut, der Stegener Junge, sah er genau so aus wie das Kind auf dem Plakat in der Schule, das über der Treppe hing, die jeder hinaufgehen musste. Es war ein Plakat, auf dem vor Handgranaten gewarnt wurde, die vom Krieg her noch überall herumlagen, auch in Bruneck. Eierhandgranaten, Stielhandgranaten und noch andere Modelle waren auf dem Plakat zu sehen, und ein Kind, dem eine Handgranate soeben den Unterarm weggerissen hatte. Das Kind weinte, hatte ein schmerzverzerrtes Gesicht und wischte sich mit dem blutenden Stumpf die Tränen aus den Augen. Oben an der Treppe stand meistens der italienische Volksschuldirektor, ein großer, dicker Mann mit rotem Gesicht und dicken Lippen, der uns immer wieder anbrüllte: »Dai, dai, sbrigatevi, sbrigatevi – los, los, beeilt euch«, als müsse auch er uns vor Handgranaten warnen.

Meine Klassenlehrer, Frau Mair und ab der dritten Klasse Herr Federer, waren glücklicherweise ganz anders und beide fand ich toll. Frau Mair hat nie geschlagen und Herr Federer nur, wenn es wirklich nicht mehr anders ging und jedes Mal, wenn man eine mit der Weidenrute über den Handrücken gezogen bekam, wusste man genau, wofür und dass das in Ordnung war.

Frau Mair war die Weltmeisterin im Scheibchen-Rechnen, eine Art Abakus in Tafelgröße, Vorderseite weiß, Rückseite rot. Es ergab immer so schöne Bilder, wenn Frau Mair uns damit was vorrechnete und ein Teil der runden Scheibchen umgedreht wurde, Einer, Zehner, Hunderter.

Herr Federer imponierte uns vor allem mit Sportlichkeit: Keiner federte so wie er im Parallelschwung über den Barren, keiner sprang so elegant mit der langen Hose über den Bock, er war so sportlich, dass er noch nicht mal einen Sportanzug brauchte. Ich dachte immer, er müsse eigentlich Tennisspieler sein, so einer wie Gottfried von Cramm oder später Nicola Pietrangeli.

Dann gab es noch den Lehrer Tasch, vor dem alle Respekt hatten. Jähzornig sei er, hieß es und: wenn der zulangt ... Er spielte Geige, war im Kirchenchor und verwaltete die Schülerbibliothek, die in einem kleinen Schränkchen vor seinem Katheder untergebracht war. Fünfzig Bücher, vielleicht hundert, mehr werden es nicht gewesen sein.

Als ich zum ersten Mal vor ihm stand und sagte: »Herr Lehrer, i hätt gern a Puich!«, lachte er, drehte sich um, wühlte in seinem Wunderschränkchen und gab mir mit leuchtenden Augen ein kleines Büchlein.

»Des isch eppas für di«, sagte er, »a Biachl über Mozart: Donnerblitzbub Wolfgang Amadeus Mozart, des wird dir gfalln.«

Und ich sah auf dem Buch einen kleinen Jungen lachend den Taktstock schwingen und glaubte nicht, dass dieser Junge der Komponist von »Der Hölle Rache« in der »Zauberflöte« ist. Ich las es aber trotzdem, denn ich wusste, dass der Tasch mich fragen würde, und bei so einem jähzornigen Lehrer weiß man ja nie ...

Und dann gab es eben die Campidell. Die Campidell war damals schon älteren Datums, fuhr immer Fahrrad und war Ladinerin, kam also aus »der Krautwallisch« – das ist das Abteital, das kurz vor Bruneck in die Dolomiten abzweigt und einfach nur schön ist. Das hinderte sie nicht, unter anderem Deutsch zu unterrichten, zum Gaudium der Schüler. Sie zwang die Kinder zu völlig neuen Deklinationen: »der Hund – die Hin-te«, weil im Dialekt der Plural so lautet und sie das für Hochdeutsch hielt. Der langjährige Bürgermeister von Bruneck, Dr. Hans Ghedina d. Ältere, nannte sie deshalb nie Campidell, er sprach in seinem klaren Humor immer nur von der Hintehutte. Dass sie aber vielleicht gerade deshalb eine so gute Lehrerin war, weil sie die Kinder zwang, Fehler zu lernen, wenn sie bei ihr eine gute Note erhalten wollten – was nur geht, wenn man weiß, wie es richtig ist –, das hat bisher noch niemand bedacht!

Aus einem ganz anderen Grund war sie allerdings eine Wunder-Person: Sie war die Großnichte des Paters Josef Freinademetz, der in China Missionar gewesen und 1908 dortselbst an Typhus gestorben war. Frau Campidell setzte sich ihr Leben lang Tag für Tag für die Seligsprechung des Steyler Missionars P. Josef Freinademetz ein. P. Josef stammte aus dem Gadertal, der Alta Badia, genauer aus Oies, wo heute ein Kapellchen zu seinen Ehren steht, und war einer der ersten Steyler Missionare, wenn nicht der erste überhaupt, der für diesen Orden nach China geschickt wurde. Ihm gefielen die Chinesen so gut, dass er einmal schrieb:

»Ich will auch im Himmel ein Chinese sein«, was für einen Buben aus der »Krautwallisch« schon sehr unerwartet ist, sind sie doch ansonsten sehr bodenständig.

Frau Campidell hatte, wie jede Lehrkraft, Fleißkärtchen. Sie wurden für gute Leistungen ausgegeben, dieses System war in jahrzehntelanger k.u.k.-Pädagogik entwickelt und ausgetüftelt worden. Ihre Kärtchen waren aber ganz besondere: Auf den einen war ein sinniger Spruch drauf, auf den anderen die Aufforderung, für die Seligsprechung von Pater Josef zu beten. Obendrein war eine Faser aus der Kutte von Pater Josef Freinademetz am Kärtchen befestigt. Böse Zungen behaupteten, so viele Kutten könne der Pater gar nicht besessen haben, wie die Campidell Kärtchen verteilte.

Sie spekulierte wohl darauf, dass Gebete, wenn sie von unschuldigen Kindern verrichtet werden, schneller beim Herrgott ankommen als solche von sündigen Erwachsenen. Und es hat gewirkt: P. Josef Freinademetz ist schließlich seliggesprochen und 2003 sogar zum Heiligen befördert worden. Als solcher ist er der Patron des Gadertals, obwohl dieses nicht in China liegt. Ohne die Campidell wäre es nie dazu gekommen.

Einmal sitze ich, was ich öfters tue, eines Nachmittags vor einem Auftritt ein Viertelstündchen im Kölner Dom, sinniere ein bisschen vor dem Meer von Kerzen und erhole mich von der Welt da draußen. Neben mir sitzt eine ältere

Frau, ruhig, ganz in sich versunken. Plötzlich murmelt sie:

»Nee, so jeiht dat nit«, und zwar so, als wäre es an mich gerichtet. Ich drehe mich zu ihr und frage sie: »Was meinen Sie denn?«

Da sagt sie: »Gucken Sie mal, wie viel Kerzen da brennen, da blickt ja keiner mehr durch, da kannste noch so heilig sein. Ich nemmen jetzt ming Kääz, stell die woanders hin und widme die dem Hl. Freinademetz: Der is erst seit ein paar Jahren heiliggesprochen, der hat noch nit esu vill zu tuen, dat es besser für mich«, und steht auf und nimmt die Kerze und verschwindet damit in einem der Seitenschiffe.

Ist es nicht wunderbar, dass so etwas passiert?

Maiandacht

Der Mai war immer ein großer Monat für uns, denn im Mai mussten wir in die Maiandacht gehen. Nein, wir durften. Maiandacht hieß: einen ganzen Monat lang jeden Abend nicht mehr um halb acht ins Bett müssen, sondern einen ganzen Monat lang jeden Abend mit den Freunden auf der Gasse zusammen sein können. Gut, eine Stunde davon in der Kirche, aber was macht das schon, wenn man zusammen ist.

Wir trafen uns nach dem Abendessen unter unserer Linde. Mit »uns« meine ich uns Jungs vom Stegener Weg, vor denen alle in Bruneck Angst hatten, wie wir voller Stolz dachten. Zum Glück wusste aber keiner von denen, dass wir unsererseits eine Heidenangst vor den Jungs aus Stegen hatten.

Wir spielten zwei, drei Runden »Dowischilatz«, also Fangen, und zogen dann los in die Maiandacht. Das Herz klopfte ein bisschen schneller als sonst, denn in der Abenddämmerung ohne Eltern unterwegs sein zu dürfen, war schon wirklich Freiheit. Durch das Florianitor, die »Lucke«, ging's in die Stadtgasse, dann links hoch zum Unterrainertor, beim »Waibl-Schtiegele-aui« und »Waibl-Schtiegele-oi« vorbei, vorbei am »Grünen Baum«, aus dem es so unwiderstehlich nach Tirtlan roch, DEM Pustertaler Nationalgericht, vorbei schließlich an dem verheißungsvollen

Hutgeschäft direkt am Unterrainertor in den Oberragen und zur Pfarrkirche.

Vor der Pfarrkirche liefen wir dann noch ein bisschen auf dem Platz herum, zu milde war der Abend, zu anregend das Knistern in der Luft. Wir balancierten oder schaukelten auf den riesigen, schweren Gliedern der Eisenkette, die den Platz vor der Pfarre eingrenzte, und wurden von den vielen Brunecker Kirchgängern mit strengem Blick zurechtgewiesen, wenn wir es zu bunt trieben. Dann ging's, mit rotem Kopf vom Herumtoben, hinein in die Kirche, ganz nach vorne durch.

Bei einem richtig geschmückten Maialtar konnte man mir auch schon damals nicht mit bunten Farben kommen, so schön die einzelnen Blumen auch sein mögen. Bei mir darf es bis heute bei einem Maialtar nur grün und weiß sein: weiße Blüten und grüne Blätter und sonst nix. So wie bei dem Maialtar in Bruneck eben. Ob die Blumen für den Maialtar von der »groaßn Töchantsalbe« – so nannte man den Friedhof: die große Alm des Dekans – kamen oder nicht, weiß ich nicht, aber es waren ihrer berauschend viele weiße mit grünen Blättern und das war überirdisch schön.

Nachdem wir in den Bänken vorne links, wo die Kinder zu sein hatten, Platz genommen hatten, begann der Pflichtteil der Maiabende, die Andacht, dazu sangen wir Marienlieder, auf die ich mich wirklich freute. Diese Lieder gehörten zu der Kategorie heitere und leichte Kirchenlieder, da war kein dunkles »Maria durch ein Dornwald ging« dabei, da blieb man in A-Dur, D-Dur oder G-Dur, in den schönen, hellen Kreuz-Tonarten und sang die wundervollen Biedermeier-Melodien wie »Meerstern, ich dich grüße – o Maria hilf« und über dem »grüße« sangen der Wilfried mit seinem klaren Sopran und ich die Koloratur.

Dann kam noch »Maria zu lieben ist allzeit mein Sinn« und dann wurde es ernst.

Die Litanei, die lauretanische, gab uns viele Rätsel auf. Was mochte es bedeuten, wenn der »Kopratta«, also der Gemeindereferent, betete:

»Du erlesener Kelch der Hingabe«, und wir sagten: »Bitte für uns!«?

Oder: »Du elfenbeinerner Turm.« – »Bitte für uns.«?

Oder: »Du goldenes Haus.« – »Bitte für uns.«?

Wir kannten die Bildersprache der Marienverehrung noch nicht, wir dachten beim elfenbeinernen Turm eher an dicke Beine so à la »Koa Hiatamadl mog i net / hot koane dick'n Wadl'n net«, und das kam uns nicht sehr christlich vor, und beim goldenen Haus hatten wir mehr »Na, wie geht's, altes Haus« im Kopf.

Sei's drum, mit dem »Bitte für uns« murmelten wir uns langsam in die Trance, die wir brauchten, um das, was danach kam, überstehen zu können: die Predigt.

Bei allen durchgestandenen Maiandachten haben wir uns ein- oder zweimal getraut, unsere furiose Idee in die Tat umzusetzen, diesen todlangweiligen Teil der Maiandacht, die Predigt, etwas unterhaltsamer zu gestalten. Wir haben uns dabei wie Helden gefühlt, ganz großes Kino, was wir vom Stegener Weg da boten:

Unser Baum vor dem Radmüller-Haus war ab Anfang Mai in der Regel voller Zulln, also Maikäfer. Ich glaube, der Seppl war's, unser Anführer, der die Idee hatte, die Zulln zur Predigt-Attacke zu nutzen. Jedenfalls war irgendwann einmal klar, wir sammeln Zulln ein und nehmen die mit in die Kirche. So weit, so exzellent, nur, wie nehmen wir die Zulln in die Kirche mit? Ein logistisches Problem, das schnell gelöst war: Streichholzschachteln.

Die Schächtelchen mit den Cerini waren zu flach für die

Zulln. Man hätte sie zwar mit etwas Gewalt da hineingekriegt, aber ob sie dann in der Kirche noch hätten fliegen können? Maurerschächtelchen aber, die groben, gelben Kartonschachteln für die groben Maurerhölzer mit den riesigen Schwefelköpfen, waren ideal für den Zulln-Transport.

Ich hebe also einen Maikäfer auf, schiebe ihn ins »Schachtele« und stecke dieses dann in die Hosentasche, genauso der Seppl. Ich bin ganz aufgeregt, denn das, was wir jetzt vorhaben, ist ein riskantes Ding: in der Pfarre Zulln fliegen lassen, wenn das nur gut geht. Und was ist, wenn wir auffliegen? Egal, weiter zur Kirche. Der Maikäfer rumort in meiner Hosentasche, lebt aber noch, gut. Ich verhalte mich wie immer, niemand soll merken, dass ich einen Zulln dabeihabe. Drin aber, in der Kirche, sage ich es doch meinen Nachbarn: »Passt la au, do Seppl und i hom eppas mit – Zulln!«

Dann kommen die Lieder, dann kommt die Litanei, dann kommt die Predigt. Wir hatten schon ein paar Mal Zulln mitgenommen, uns aber nicht getraut, sie fliegen zu lassen, weil der Kopratta »zu gleim bei ins zuidn gschtandn isch – zu nahe bei uns gestanden hat«. Und ein paar Mal hatten die Zulln den Transport einfach nicht überlebt. Heute aber scheint alles prima: Die Predigt hob schon fad an und der Kopratta steht auf der anderen Seite, heute müsste es gehen. Ich schau zum Seppl hinüber.

»Na, no net«, flüstert er und schaut nach vorne. Dann aber, nach einem Viertelstündchen stupst er mich an und flüstert: »Iatz!«, und ich fahre in die Hosentasche, öffne das Schachtele und lasse den Zulln herauskrabbeln.

Der Erfolg war gewaltig: Unsere beiden Maikäfer bildeten ein gefühltes Stuka-Geschwader und dröhnten durch die

Pfarrkirche. So kam es uns vor. Um die Wahrheit zu sagen: Außer den Kindern um uns herum bemerkte niemand, dass da zwei Maikäfer herumflogen, zumal sie sich direkt wie magisch angezogen auf dem wunderschönen weißen Blumenschmuck vor dem Maialtar niederließen und sich nicht mehr rührten. Die Kinder um uns herum bewunderten unseren Mut grenzenlos und das war es, was wirklich zählte.

Nach der Maiandacht aber kam der eigentliche Hit: »Kette machen«! »Kette machen« bedeutete, mit vierzig, fünfzig oder sechzig Kindern, je mehr, desto toller, Hand in Hand hintereinander herlaufend, durch die Oberstadt zu jagen, um dann durch das Unterrainertor in die Stadtgasse zu gelangen. Dort scheuchten wir mit Kreischen und »Ausgstellt! Ausgstellt!«-Rufen, das heißt so viel wie »Weg da!«, die Erwachsenen auseinander und fühlten uns groß, sportlich und mächtig – alle machten uns Platz!

Der größte Spaß war, die Kette zum Auseinanderbrechen zu bringen: Der erste vorne lief eine Kurve nach rechts und direkt danach eine scharfe Kurve nach links. Weil wir uns alle an der Hand hielten, folgten wir dem Kurvenverlauf, mussten aber umso schneller laufen, je weiter hinten in der Kette wir waren. Wenn dann der Erste stehen blieb und die Kette um sich drehte, wurden wir so schnell, dass wir einander nicht mehr halten konnten und die Kette auseinanderbrach. Natürlich mit Geschrei und Stolpern und Hinfallen und einem Riesen-Trara, weil unser Gejohle in der engen Stadtgasse einen berauschenden Widerhall fand.

Meistens löste sich die Kette dann in der Mitte der Stadtgasse, so ungefähr beim Schifferegger-Metzger, auf. Dann standen wir da, rangen um Luft, lachten, keuchten und beruhigten uns langsam wieder. Die Wege trennten sich, die meisten gingen nach Hause, und mit nur zehn Kindern macht man keine Kette mehr. Manchmal liefen wir bis ans andere Ende der Stadtgasse, zum Ursulinentor und spielten dahinter im Tschurtschenthaler Park in der linden Maienluft noch ein paar Runden »Dowischilatz«, bevor wir uns schließlich auch zwischen halb zehn und zehn Uhr nach Hause trollten.

Reif fürs Bett und glücklich.

Unterschrift und Elternliebe

Ich musste wieder einmal in der zweiten Klasse in der Volksschule eine Strafarbeit machen und vom Papa unterschreiben lassen. Vermutlich hatte ich wieder einmal eine freche Bemerkung gemacht, vielleicht über meinen Freund Karl aus dem Nachbarhaus, dem ich seinen Auftritt am ersten Schultag immer noch nicht richtig verzeihen konnte, weil ich ihn nicht verstand: Ich war schon in der Klasse drin, da kamen seine Mama und er. Auf der Schwelle zur Klasse aber fing 's Korile an zu schreien: »Naa, i will hoam, i will et do ini, i will hoam«, und strampelte und schrie und wollte sich von seiner Mama, die ihn an der Hand hielt, losreißen. Die aber hob 's Korile hoch, obwohl sie selbst eine sehr zarte, kleine Frau war, und wollte ihn in die Klasse tragen, 's Korile aber stemmte sich mit den Beinen gegen den Kachelofen, der direkt hinter der Tür war, und tobte und strampelte und schrie. Mein Cousin Reinhold, der neben mir stand, fragte mich: »Wer ischen des und wos hat er denn?«, worauf ich nur sagte: »Des isches Korile und der will et ina.« Jetzt kam die Frau Mair der Mama vom Korile zu Hilfe, redete beruhigend auf ihn ein und beide zogen das heulende Bündel nun in die Klasse in die Bank vor mir.

Vielleicht also hatte ich irgendwas Blödes zum Korile gesagt, so was wie: »Willsch et liaba hoam giahn als wia do

in do Schuile zi bleibm?«, ich konnte manchmal recht ge-
hässig sein. Vielleicht aber hab' ich auch Flieger geworfen
oder die pernacchia gemacht – ein italienisches Zeichen
der Missachtung: Man bildet mit Daumen und Zeigefinger
einen Ring, durch den man ungehörige Geräusche macht,
in italienischen Fußballstadien ein sehr beliebtes Mittel,
mit dem man sich Luft machen kann –, ich weiß es nicht
mehr. Jedenfalls war der Zeitpunkt für die Strafarbeit
extrem ungünstig, weil ich kurz vorher bereits eine hatte machen müssen, es schien mir deshalb nicht ratsam,
jetzt schon wieder derart negativ zu Hause aufzufallen. Eine Strafarbeit musste man sich nämlich unterschreiben
lassen.

Mein Papa hatte eine sehr dynamische, prägnante und
selbstverständlich vollkommen unleserliche Unterschrift.
Das wird so schwer nicht sein, die zu fälschen, war meine
Idee, als ich mit der Strafarbeit fertig war. Und schon holte ich mir seine Unterschrift und ein paar Blätter von seinem Schreibtisch und verzog mich zum Üben in mein
Zimmer. Ich muss wohl sehr intensiv geübt haben, denn
ich spüre heute noch den Fluss seiner Unterschrift und deren Bewegung in meiner Hand. Irgendwann muss ich mit
dem Ergebnis zufrieden gewesen sein und haute den
»Adolf Beikircher« unter die Strafarbeit. Ich war richtig
stolz auf meine Leistung, kein Funken von Unrechtsbe-
wusstsein.

So gebe ich die Strafarbeit meiner Lehrerin, der so gelieb-
ten Frau Mair, ab. Frau Mair nimmt die Blätter entgegen,
schaut drauf und sagt nichts.

Gegen Ende der großen Pause kommt meine Mama auf
den Schulhof, nimmt mich bei der Hand und geht mit
mir nach Hause. Ich spüre, dass irgendwas nicht stimmt,
ohne dass der Groschen fällt. Zu Hause muss ich ins

Elternschlafzimmer, das sich direkt vor der Wohnungstür im Treppenhaus außerhalb der Wohnung befindet,
meine Mama bringt mir mein Nachthemd, ich soll es anziehen und mich aufs Bett legen. Sie kommt mit einem
Schüsselchen Wasser herein, setzt sich auf die Bettkan-
te und hält mir eine Strafpredigt wegen der Unterschrift,
was heißt Strafpredigt, sie macht mich fertig. Als ihr
die Worte ausgehen, muss ich ihr den Rücken zudrehen
und mir das Nachthemd hochziehen, dann taucht sie die
Hand ins Wasser, benetzt damit meinen Po und versohlt
mich.

Meine Mama war äußerst konsequent, wenn's ums Bestra-
fen ging. Sie glaubte, so gnadenlos sein zu müssen, weil sie
uns liebte – und vor lauter Liebe hätte sie sich selbst für
ihre Buben in Stücke reißen lassen.

Ich hatte als Kind, im Alter von drei, vier Jahren, wohl
öfters Anfälle von heftigem Jähzorn, dabei warf ich dann
mit Tellern, Messern und allem, was mir in die Hand kam,
auf jeden, der sich mir in den Weg stellte. Guter Rat war
teuer, aber er ist, wie jeder weiß, rar. Dr. Egger, beziehungs-
weise »Onkel« Rudi, empfahl, das Kind aus der Situation
zu entfernen, wenn's ganz schlimm wurde, um es »auszu-
lüften«. Also packte mich meine Mama öfters, wenn ich
wieder mal um mich schlug, etwa weil es »hoadene Knödl«
gab, Buchweizenknödel, ein Mehl, das ich heute noch has-
se wie der Teufel das Weihwasser, am Kragen und sperrte
mich ins Treppenhaus vor die Wohnungstür. Der Terraz-
zoboden dort war kalt, da wird er sich schon beruhigen.
Einmal bin ich, weil ich vor der Tür mit einem Stück Ab-
flussrohr gespielt hatte, die Treppe runtergefallen und unten mit dem Kopf an die Tür vom Dienstmädchenzimmer
geknallt – die Aufregung, die sich daraus ergab, empfand

ich als gerechte Strafe für eine ungerechte Maßregel, so überlegen hab ich mich selten gefühlt. Als ich bestraft werden sollte, weil ich mich im Klo als Maler betätigt hatte, ich hatte mit »organischen« Farben die Dolomiten an die Wand gemalt, schien mir das so ungerecht, dass wieder einmal einer meiner Jähzorn-Anfälle fällig war, dem meine Mama nur so zu begegnen wusste, dass sie mich in den Schuhschrank sperrte. Stunden. Der Flur, den ich vom Schuhschrank aus durch ein paar Luftlöcher im Strohgeflecht auf der Frontseite sehen konnte, schien mir unendlich lang.

Es war nicht nur einmal, dass der Schuhschrank zum Einsatz kam, um mich zu beruhigen.

Ich empfand es damals und ich empfinde es heute noch als bodenlose Ungeheuerlichkeit, mir vor dem Verhauen den Popo mit Wasser zu benetzen, damit die Schläge stärker schmerzen und keine großen Spuren hinterlassen, weil der Schwellung vorgebeugt ist. Meine Mama war die liebste Mama der Welt, woher wusste sie von solchen Foltertechniken?

Gemessen an dieser Empörung war der zweite Teil der Strafe, ohne Mittagessen und Abendessen im dunklen Zimmer liegen bleiben zu müssen, eine Kleinigkeit. Sie ging, ließ mich heulendes Etwas allein. Vor lauter Zorn, der immer noch das Schuldgefühl und die Reue überwog, schlief ich ein.

Am frühen Abend höre ich leises Klopfen, die Tür geht auf und mein Papa kommt auf den Zehenspitzen herein:

»Na, Konnele, was machschen do für Sachn!«, tadelt er leise und streichelt mir über den Kopf.

»Do hosch eppas zum Essen.«

Er stellt mir ein Tellerchen ans Bett, hält sich den Zeige-finger an die Lippen und geht mit einem »Aber Pschscht!« wieder hinaus.

Ich habe nie wieder seine Unterschrift gefälscht.

Übermorgen is eh Weihnachten

Weihnachten war aufbleiben dürfen bis Mitternacht, um halb zwölf in Bruneck durch den Schnee in die grauenhaft kalte Pfarrkirche stapfen, wo ein schmieriger Dekan etwas von Liebe und Geburt erzählt, schau, der Kaser hat eine Wollmütze geschenkt bekommen, ich stehe neben einer Frau, die einen Ledermantel anhat, fellgefüttert und so was von neu, dass ich den Geruch bis heute weiß, Weihrauch und Wunderkerzen mischen sich mit dem erzählten Stallgeruch von Ochs und Esel, ich habe ein Auto bekommen, das rückwärts und vorwärts fahren kann, und einen Lastwagen mit Anhänger aus Holz, vollgeladen mit Kakis, die man nicht angucken darf, sonst würden sie vor Reife platzen, so prall waren sie, der herbglitschige Geschmack ist mir heute noch der Inbegriff von dem Abend, für den ich mich extra anziehen musste, wenn ich was bekommen wollte, ein Vater hat sich, während die Mutter den Baum schmückte, im Zimmer mit einem Goldengel hinter die Tür gestellt, hat diesen Engel zwanzig Zentimeter vor das Schlüsselloch gehalten, damit die Kinder, die durch das Schlüsselloch spinxten, glauben konnten, dass es doch ein Christkind gibt, mein Vater hatte nicht diese Fantasie, er polterte, dass das so nicht weitergehen könne, so reiche Gaben, so viel Geld nur für Geschenke, und dann hat er die Platte mit

der Weihnachtsgeschichte von Ludwig Thoma aufge-
legt:

Wos eppa dös bedeut'
Mit enk, ös reich'n Leut,
Und enkern Geld?
Müaßt's oiwei mehra spar'n,
Müaßt's oiwei z'sammascharr'n
Und müaßt's do außifahr'n
Aus dera Welt.

Und meine Mutter hat immer den Sopran gesungen bei
»Stille Nacht«, gnadenlos alle drei Strophen, und ich will
schon zu den Geschenken, da kommt noch »Ihr Kinderlein
kommet«, und der Sopran scheppert einem die Ohren weg
und das alles nach der Hektik des Geschenke-Umpackens,
die Schale von Tante Martha wär' doch was für Onkel Rudi, und die Kiste Wein von Dr. Leiter geht zu Dr. Mendini,
und warum schicken die Franzelin die zwei Flaschen Wein
erst nach vier Uhr, wo die doch immer weitergehen zum
Koppelstätter, bei denen aber, wie man weiß, die Bescherung schon um halb fünf ist, also Konni, jetzt aber schnell
aufs Radl und hoffentlich kommst du noch vor der Bescherung an, und stundenlang stand meine Mutter in der
Küche, um die Fleischfüllung für die Baguettes zu machen,
die uns auf dem Weg zur Mette stärken sollten, mittags ist
das Dienstmädchen gegangen, von einer hochgezogenen
Augenbraue meiner Mutter begleitet, man verlässt an so
einem hohen Festtage einfach nicht die Arbeitgeber, aber
das ist wohl der Zug der neuen Zeit, früher sind die Dienst-
boten geblieben und höchstens an Mariä Lichtmess haben
sie ihr Bündel gepackt, und vorgestern hatte ich Geburtstag, aber »übermorgen ist eh Weihnachten und du wirst

schon sehen, auf deinem Stuhl wird ein bissl mehr sein als auf denen deiner Brüder«, Scheiße, nur die protestantische Frau meines Taufpaten hat mir was zum Geburtstag geschenkt, wahrscheinlich um die Katholiken zu ärgern, einmal ein Transistorradio, so was Schönes hab ich nie mehr in meinem Leben bekommen.

Birkenblätter

Natürlich haben wir geraucht. Und wie. Aber nicht Alfa oder Nazionali, die man damals in der Tabaktrafik auch lose kaufen konnte - Alfa war die »Maurerzigarette«, zwei Züge und die Lunge war Beton, und Nazionali Esportazione in der grünen Packung war was für den gehobenen Anspruch, die rauchten die älteren Schüler -, nein, wir am Stegener Weg hatten was Besseres, wir rauchten Birke.

Jeder von uns hatte Zigarettenblättchen zu Hause in der Schublade, irgendwoher zusammengeklaut, und jeder von uns hatte Streichhölzer gebunkert, Cerini und Maurerstreichhölzer. Und jeder von uns hatte natürlich auch Birkenblätter zu Hause, große, getrocknete Blätter, unser »Tabak«. Ich hatte sie im Spielzeugkastl, das war ein kleines Schränkchen vollgepackt mit Spielzeug, die Blätter lagen gleich hinter den Schuco-Autos und dem Märklinkasten.

Stand ein größeres gesellschaftliches Ereignis bevor - Raba und Putz spielen, also Räuber und Gendarm, der in Südtirol Putz heißt, weil er die Stadt von üblen Elementen »putzt«, oder Kuhfladen sammeln oder nach Waldheim gehen -, dann nahm jeder von uns ein, zwei Zigarettenblättchen mit, ein bisschen »Tabak« und die Streichhölzer, man konnte ja nie wissen, was der Tag alles so bringt.

Sobald wir außer Sicht der Eltern waren, ging es los: Wir

setzten uns ins Gras oder lehnten uns an einen Baum und fingen an, uns eine zu drehen. Das hieß, Blättchen auf den Oberschenkel gelegt, zwei Birkenblätter in der Hand fein zerrieben – mit einem ging das nicht so gut, weil es zu schnell von der Hand feucht wurde und dann nicht mehr zerkrümelte –, den Tabak aufs Blättchen getan und dann kam das Schwerste: rollen. Man musste schauen, dass der Tabak auf dem Blättchen blieb, das Blättchen musste so eng wie möglich gerollt werden, was nur gelang, wenn man es längs in einer gewissen Spannung halten konnte. Das führte leider oft dazu, dass es einem aus den Fingern glitt, der Tabak fiel zu Boden und man musste alles von vorne beginnen: Zigarettenblättchen auf den Oberschenkel, neue Birkenblätter, eine absolute Geduldsprobe. Hatte es aber geklappt und das Blättchen war einigermaßen gut zusammengerollt, dann wurde die hochstehende Seite längs angeleckt und auf dem Röllchen festgedrückt. Jetzt konnte man sich die Zigarette in den Mundwinkel stecken, ein Maurerholz aus der Packung holen, an der Schuhsohle entzünden und die Zigarette damit anmachen. Kam das cool genug, waren die Mädchen fertig mit der Welt.

Geschmeckt haben diese Zigaretten natürlich wie die Hölle: Sie kratzten im Hals, brannten auf der Zunge und hatten noch nicht mal einen Geschmack nach Wald, da war einfach nur heiße Asche, grauenhaft. Aber so eine Zigarette im Mund zu haben, sah toll aus und das langte.

Als ich acht Jahre alt war, sind wir umgezogen: hinter die Schranken gegenüber vom Gasthof »Andreas Hofer« an der Tauferer Straße, für mein damaliges Empfinden weit weg vom Stegener Weg. Wenn ich heute in Bruneck bin, erlebe ich das, was jeder auf der Reise in die eigene Kindheit erlebt: Alles scheint geschrumpft zu sein, war Bruneck wirklich immer schon sooo klein? In der ersten Zeit nach dem Umzug fuhr ich natürlich jeden Tag mit dem Fahrrad in den Stegener Weg, dort waren ja meine Freunde.

Irgendwann einmal waren auf dem kleinen Platz vor der Werkstatt vom Harald, der Staggl-Garage, nur die Gianna und die Helga, die Töchter der beiden Nachbarsfamilien. Ich hielt an und wir fingen an zu erzählen, dabei machte ich mir eine »Zigarette« an und hörte mich plötzlich einen Vortrag halten:

»Fangts um Gottes willen bitt schian net an zu raachen, es isch furchtbar. Schaugts mi an: i hon vor a paar Johr unghebt zi raachn und iatz bin i kesslun, i dehears nimma au, es isch a Kreiz – fangt um Gottes willen nicht an zu rauchen, das ist schrecklich. Schaut mich an: Ich habe vor ein paar Jahren angefangen und jetzt bin ich am Ende, ich schaff es nicht mehr, damit aufzuhören, es ist ein Kreuz.«

Und ich schwöre: Es war mein bitterer Ernst! Also Hände weg vom Birkenblatt.

Tante Hilli

Am Heiligen Abend gegen Mittag geriet meine Mutter immer in eine leichte Panik. Nicht das Essen, das für abends vorzubereiten war, nicht die Geschenke, die noch zu verpacken waren, brachten sie in diesen Alarmzustand, sondern ihr schwesterliches Gewissen.

Meine Mutter hatte zwei Schwestern, die beide ebenfalls in Bruneck wohnten. Die eine, meine Lieblingstante Ma, bestens verheiratet mit dem angesagten Bäcker der Kleinstadt, fünf Kinder, aber halt nur einen Bäcker zum Ehemann, die andere, Tante Hilli, eine ehemalige Nonne. In Luxemburg ausgebombt, wohl so um 1943, Genaueres habe ich nie erfahren, zu Fuß nach Hause geflohen und seitdem ein bisschen »spinnig«, wie es hieß. Ihr Leben lang ist sie dem Armutsgelübde ihres Ordens treu geblieben, obwohl die Oberin den ganzen Konvent von allen Gelübden befreite, als die SS das Kloster stürmte, was Tante Hilli aber nicht akzeptieren mochte. Sie floh aber trotzdem, wie die anderen auch, und scheint wohl das Glück gehabt zu haben, der Rotte entkommen zu sein. Gelitten aber hat sie unter dem Überfall ihr Leben lang.

Nun lebte sie also in Bruneck. Sie wollte partout von ihren beiden reichen Schwestern kein Geld annehmen und ging als Dienstmädchen arbeiten – aber nur da, wo sie auch morgens um sechs Uhr zur Messe gehen konnte –, als

Dienstmädchen! Wo meine Mutter doch die Frau des Ingenieurs war!

Zu Hause durfte nicht über Tante Hilli gesprochen werden. Tante Ma hatte ihr eine Wohnung besorgt und bei Tante Ma aß sie auch immer zu Mittag. Das wusste ich schon seit ich drei war, weil ich immer bei der Köchin von Tante Ma, Burgl, in der Küche gestanden hatte. Und schon damals hatte ich mir gedacht: Das Leben ist vielleicht doch nicht ganz so, wie es meine Mutter sieht.

Tante Hilli las Ferdl, mit dem sie beinahe was gehabt hatte, aus Romanen von Frau Händel-Mazzetti vor, aß mittags etwas Salat, zitterte immer ein bisschen mit dem Kopf und liebte mich.

Und weil meine Mutter das wusste, kam an jedem Heiligen Abend die Minute, vor der ich zitterte. Kein Berg wäre zu hoch gewesen – ich hätte ihn erklommen, wenn es was genutzt hätte. Meine Mutter sagte:

»Konni, geh schau, ich hab ein Packl für die Tante Hilli zusammengepackt, bringst es ihr grad rüber?«

Und ich stehe da mit einem Paket voller Überreste aus unserer überquellenden Speisekammer, eine alte Salami und dann die Abteilung Grundnahrungsmittel. Spaghetti, Reis, Mehl und Zucker. Der Karton ist armselig zusammengeklebt, kein Weihnachtspapier, alles gnadenlos praktisch.

Ich packe den Karton auf das Fahrrad, knirsche durch den Schnee in die Stadt und halte dann vor dem Florianitor, in dessen rechtem Turm sich die zwei Zimmer befinden, in denen Tante Hilli wohnt. Ich muss an der Tabaktrafik unten im Turm vorbei, wo mein Vater morgens die Zeitungen kauft auf dem Weg in ein helles Büro mit Sekretärin und lederbezogenem Schreibtisch, ich weiß, dass mich die Verkäuferin sieht, und ich weiß, dass sie weiß, wohin ich gehe. Mit diesem armseligen Karton. Zwei Stockwerke muss ich hoch, vorbei am Papierlager der Tabaktrafik, die Mauern atmen eine muffige Kälte, auf den Eiskristallen an der eiskalten Wand im Treppenhaus ist auch immer etwas Schimmel, der im Dämmerlicht fluoresziert.

Ich will nicht da hochgehen, ich will nicht zu Tante Hilli sagen:

»Und fröhliche Weihnachten von uns allen«, ich will weg. Ich klopfe an ihre Tür. Tante Hilli steht vor mir, ihr Kopf wackelt ein wenig, mit den Augen meiner Mutter sieht sie mich an, schaut dann auf das Paket und sagt:

»Woasch, Konnele, i glab: Des brauch i net. Sagsch deiner Mama: nix für unguat, aber: I brauchs net.«

Sie heißt mich den Karton im Flur abstellen, dann streichelt sie mir über den Kopf, bittet mich hinein, macht mir einen Tee und gibt mir Plätzchen. Erzählt mir vom Winter in Luxemburg, vom langen Fußmarsch von dort nach Bruneck, und immer diese Angst vor der SS und vor den Fliegerangriffen und dass sie jetzt weg müsse, zur Nachmittagsandacht.

Und ich greife diesen Karton – warum will sie ihn nicht? Sie hat keinen Zucker, kein Mehl, keinen Reis und keine Spaghetti, ich weiß das, ich hätte es gesehen –, schleppe ihn wieder nach unten und packe ihn auf das Fahrrad. Auf dem Nachhauseweg schmeiße ich ihn von der Brücke in die Rienz.

München und was für den Konrad so daraus geworden ist

1953 fuhr ich das erste Mal mit Mama, Papa, Ivo und Hugo von Bruneck aus nach München, da mein Papa dort zu tun hatte. Man kombinierte damals gerne Pflicht mit Vergnügen – wobei das Vergnügen einseitig verteilt war, es war auf unserer Seite, das heißt auf der Seite von Mama und uns Kindern, Papa hatte ja zu tun.

Ab da waren wir jedes Jahr zwei bis drei Mal in München, immer für zwei, drei Tage. Urlaub in dem Sinne, wie man ihn heute macht, war in dieser Zeit eher ein Fremdwort und der Südtiroler orientierte sich in dieser Hinsicht sowieso am Italiener, nicht am Deutschen. Der Italiener ist ja heute noch nicht lange unterwegs, der macht ein paar Mal im Jahr drei, vier Tage lang eine Städtetour und das war's.

Wir logierten stets in der Schillerstraße im tollen Hotel »Drei Löwen«, das war unglaublich aufregend für uns Kinder. Die Flure waren mit Teppichen belegt, die so dick waren, dass man sah, dass man ging, aber man hörte sich nicht. Die Zimmerschlüssel hatten einen massiven Anhänger, an dem eine dicke Scheibe hing, auf der die Nummer des Zimmers stand. Ein roter, etwas brüchiger Gummiring lag um die Scheibe herum, damit man beim Auf- und Zuschließen keine Ecken in den Türrahmen und die Tür haute. Anfangs hielt ich den Ring nur für eine Verzierung, bis mir Mama erklärte, warum der da drum sei. Ich habe ihn dennoch immer abgemacht und in die Tasche gesteckt.

Durch die Fenster hörte man die weiß-blaue Trambahn vom Hauptbahnhof her in die Kurve Richtung Stachus quietschen und permanenten Autolärm. Das machte mir endgültig klar, dass ich in der Großstadt war, und versetzte mich in einen Zustand von bisher unbekannter Erregung.

Schon die Fahrt nach München war immer ein Abenteuer, die erste natürlich besonders. Wir hatten damals einen Fiat Topolino, ein sehr kleines Auto für fünf Personen: vorne die Eltern und hinten drei Kinder im Alter von acht, elf und sechzehn Jahren. »Hinten« bedeutete nicht, dass da ein Rücksitz gewesen wäre. »Hinten« war eine Art Treppenabsatz mit Teppichboden und wegen des Daches musste man gekrümmt sitzen.

Ganz schlimm kam es, als Tante Ida und Tante Hilda, die beiden Schwestern meines Papas, einmal mitfuhren: Papa fährt, neben ihm sitzt Mama und auf ihrem Schoß mein Bruder Hugo, ich sitze hinten mit Tante Ida und Tante Hilda – Ivo war zu Hause geblieben – und das sechs Stunden lang, reine Fahrtzeit. Tante Ida ging drei Tage lang gebückt durch München. Es war auch das einzige Mal, dass die beiden Tanten mitfuhren, was Wunder. Wenn Sommer und schönes Wetter gewesen wäre, hätten wir wenigstens das Dach aufmachen können.

Die Fahrt ging über den Brenner nach Innsbruck, von da durch das Inntal nach Rosenheim und dort auf die Autobahn. Hier sah ich zum ersten Mal in geballter Form das Wirtschaftswunder: Mercedes, den unglaublichen BMW-V8, Opel und wie sie alle hießen, ein Bonzomobil nach dem anderen. Hugo und ich verglichen diese Wagen mit dem, was wir kannten. Der Fiat 1400 ist schon auch ein Hammerschlitten, vom Maserati Gran Turismo ganz zu schweigen. Gut, der Benz hat mehr Platz, aber kommt es darauf an? Und gegen einen Maserati ist ein Benz doch wie ein Panzer. Die deutschen Autos kamen uns wie Protzschlitten vor, auch wenn wir gelten ließen, dass sie bessere Qualität haben mussten als die italienischen Autos, aber die Eleganz von Lancia, Maserati oder sogar Fiat war dann doch was anderes, oder?! Ganz unmöglich waren die Kleinen: Hanomag Kommissbrot, Lloyd, der Umzugskarton aus Pappmaché, vom Messerschmitt-Kabinenroller ganz zu schweigen. Wir bekamen den Mund nicht mehr zu vor lauter ungläubigem Staunen, es kann doch nicht sein, dass sich erwachsene Menschen in so was hineinsetzen. Sie mögen ja gut gebaut sein, die deutschen Autos, aber schön?

Kurz vor München wurde mein Papa unruhig, jetzt ging es eindeutig in die Großstadt. Wie kommen wir in unser Hotel »Drei Löwen«? Wo ist die Schillerstraße und wo der Hauptbahnhof, in dessen Nähe das Hotel sein soll? Dann die Erlösung: der Kiosk mit Stadtplan, die obligatorische erste Haltestelle für jeden Neuankömmling mit dem Auto. Da standen Mama, Hugo und ich und schauten zu, wie Papa und Ivo sich über den rechten Weg stritten. Mama nutzte diese Zeit, um uns Kleineren einzuschärfen, dass wir in Bruneck niemandem, aber auch wirklich niemandem erzählen dürften, dass wir in München gewesen seien. Mit der Begründung tat sie sich etwas schwer, denn sie wollte uns eigentlich erklären, dass das mit dem Neid auf unsere Familie zu tun habe, Papa habe als Direktor des Elektrizitätswerks eine Position, in der er sich, im Gegensatz zu vielen anderen in Bruneck, eine solche Reise einfach leisten konnte. Sie dachte aber, dass der unschuldige Hugo und der kleine Konni gar nicht wüssten, was Neid überhaupt sei, also bezog sie letztlich die Position, die Eltern grundsätzlich gerne beziehen: Ihr dürft es einfach nicht erzählen und basta.

Schließlich fanden wir den Hauptbahnhof und die Schillerstraße und das Hotel »Drei Löwen« und alles war gut. Der Portier, Herr Kirmayer, kannte meinen Papa schon, aha, jetzt sind die Kinder auch amal mit, wunderbar, da ist auch schon das Monatsprogramm mit Oper, Theater und Kabarett – ein schmales, kleines Heftchen, in dem auch Inserate der Münchner Nachtlokale drin waren, das »Tabu« im Färbergraben beeindruckte mich besonders, weil die Anzeige so schlüpfrig war. Bitte, da geht's zum Aufzug, und vor dem Aufzug stand ein Junge, siebzehn oder achtzehn Jahre alt, mit einem unglaublich blöden runden Mützchen auf dem Kopf, der Liftboy, er gab mir die Hand und lud mich zum Aufzugfahren ein, während die anderen die Koffer in die Zimmer brachten und auspackten. So fuhr ich mit ihm die Etagen rauf und runter, durfte die Knöpfe drücken und kam mir sehr, sehr weltmännisch vor, bis es ans Essen ging. Natürlich im Restaurant vom »Drei Löwen«.

Ein Kellner, nein, Ober, mit grau melierten Haaren, bläulichen, wässrigen Augen und einer hohen, durchhauchten Stimme wies uns den Tisch. Wir setzten uns hin und ich versank im grünen, weich gepolsterten Sessel, vornehmer ging einfach nicht mehr. Alles war gedämpft, das Licht, die Schritte, die Stimmen, die Tischgeräusche. Es klang, als spräche jeder mit einer Serviette vor dem Mund – Damast, sagte meine Mama, schau mal, Konnele, das sind Damast-Servietten, die sind in sich gemustert, schön, gell! Es wäre mir gar nicht eingefallen, auch nur ein lautes Wort zu sagen, so beeindruckend war diese Atmosphäre.

Der Ober empfahl mir eine Bluna, als ich eine Aranciata bestellen wollte, und machte dabei ganz wichtige Augen: Bluna! Die Bluna war tatsächlich der Hammer, noch nie hatte ich etwas derart Geschmacksintensives getrunken und als ich bei Mama vom schwarzen Johannisbeersaft kosten durfte, war es um mich geschehen, ab jetzt war ich Deutschland-Saft-Fan.

»So, iatz bestellts euk lei, was ihr mögt, Kinder«, sagte Papa und ich orderte die Ochsenschwanzsuppe und ein Wiener Schnitzel. Als dann aber die Ochsenschwanzsuppe kam, war ich schockiert. Was war das denn? Sahne auf einer Suppe? Sahne gehörte auf den Kuchen, auf die Strauben, halb geschlagen meinetwegen in den Kaffee oder auf die Erdbeeren, aber doch bitte nicht auf die Suppe. Und dann auch noch auf so eine sämige, kräftige Ochsenschwanzsuppe. Dass das die Esskultur der Fünfziger in Deutschland war, wusste ich nicht. Sahneberge auf allem, was die Küche hergibt, dazu obendrauf eine Cocktailkirsche und eine Ananas- oder zumindest eine Apfelsinenscheibe, grauenhaft. Ich schob die Sahne weg und löffelte die Suppe. Meine soeben entflammte Liebe zu Deutschland hatte einen gewaltigen Knacks bekommen.

Aber nur bis zum nächsten Morgen, als Mama mich an die Hand nahm und mit mir Richtung Stachus ging. Trambahnen quietschten auf den Gleisen, Autos fuhren Richtung Kaufinger Straße und Marienplatz. Als auf dem Stachus plötzlich eine Tram der Linie acht stand, fing ich an zu singen. »Ein Wagen von der Linie acht«, Weiß Ferdls Superhit kannte ich rauf und runter, wie auch die Geschichten von Ludwig Thoma, die Conferencen von Adolf Gondrell und die Geschichten vom Karl Valentin. Dass es die Linie acht wirklich gab, fand ich eine aufregende Entdeckung.

Da, wo sich der Stachus auftut, blieb meine Mama stehen, hier war der Eingang zu einem ihrer Paradiese: Kaufhof. Und das Paradies fing schon vor den Toren ins Paradies an, da, wo die fliegenden Händler standen. Was die alles hatten, die Allesreibe, den nie versagenden Glasschneider, das Tragenetz, das man mühelos im Portemonnaie verstauen konnte, die Nyltest-Hemden, die man nie zu bügeln brauchte, Air fresh, einen amerikanischen Rauchverzehrer in Flaschen, man musste nur den dicken Docht herausziehen und das Zimmer stank tagelang nach einer undefinierbaren Mischung aus Achselschweiß und Tannenduft, dann doch lieber Zigarettenqualm, dachte ich mir, und derlei Wunder mehr.

Meine Mutter kaufte alles. Es war ja auch so billig. Und deutsche Qualität war es auch. Der Hammer war das Besteck mit den weißen Plastikgriffen, wohl eine Art Bakelit-Nachfolge-Zeugs, die Löffel und Gabeln gaben bald den Geist auf, Messer mit Wellenschliff, die hielten am längsten, bis in die späten Sechziger, deutsche Qualität eben, großartig.

Dann gingen wir rein in den Kaufhof und da war sie: die Rolltreppe! DAS Symbol der Fünfziger, zumindest für mich. Unten war ein Stand mit Bananen, sensationellen Früchten, einen gefühlten halben Meter lang und lecker, so unglaublich lecker, dass ich gar nichts anderes mehr essen wollte. Kiloweise schob ich mir diese Riesendinger rein und fuhr mit der Rolltreppe rauf und runter, stundenlang, es war wirklich das Paradies. Jetzt war ich wieder mit Deutschland versöhnt.

Der Stachus hatte aber noch eine Sensation zu bieten: den Gloria-Film-Palast mit den Wasserspielen. Ein Nobel-Kino, in dem viele Premieren stattfanden, Ruth Leuwerik soll da aus und ein gegangen sein und in Ruth Leuwerik und ihre vornehm-verschnupfte Stimme war ich seit meinem neunten oder zehnten Lebensjahr verliebt. Was für eine Enttäuschung, als ich später erfuhr, dass sie mit einem Augenarzt verheiratet war, einem Augenarzt! Ph!

In den Gloria-Palast durfte ich natürlich nur, wenn ein Film lief, für den ich zugelassen war. Wie aufregend das war, dass es hier Platzkarten gab. Platzkarten! Kein einziges italienisches Kino kannte so etwas, noch nicht mal das Odeon in Bruneck, aus dem mich meine Mama raustragen musste, als ich mit sechs Jahren das erste Mal ins Kino durfte, Bambi, und losschrie, als Bambi im Waldbrand umzukommen drohte, ich hab das Ende dieses Films in meinem ganzen Leben nie mehr gesehen. Zur gedämpften Musik wurde man im Kino an den Platz gebracht und man wartete gespannt darauf, dass das Licht ausging und eine Stimme verkündete, dass vor dem Film jetzt die Wasserspiele kommen, Herr Müller wird gleich an die Wasserorgel gehen und den Donauwalzer interpretieren. Dann kam Herr Müller, ging nach ganz vorne an die Leinwand, blieb kurz davor stehen und öffnete eine Schiebetür in der Holzabdeckung unter der Leinwand. Jetzt sah man ein Pult mit fünfzig oder sechzig Schraubventilen, Wasserhähnen, ein Augenblick der Stille, dann fing die Musik an: Johann Strauß, »An der schönen blauen Donau«. Und plötzlich kam aus dem Nichts eine Wasserfontäne, grün angestrahlt, die einen wunderschönen Bogen in die Luft zeichnete, dann eine zweite, eine dritte und dann tanzte ein Ballett von Fontänen und Bögen, wundervolle Figuren zeichneten schwungvolle Ellipsen in den Himmel, ein atemberaubendes Schauspiel. Und Herr Müller drehte zu, drehte auf, war in unglaublicher Bewegung, auch er einer Choreografie unterworfen, wie er sich mit fantastischen Windungen in die Wasserfontänen schmiegte. Die Fontänen spritzten ein letztes Mal in ungeheurem Rauschen nach oben, dann fielen sie in sich zusammen und das Schauspiel war zu Ende. Riesen-Applaus und es war eigentlich egal, was danach für ein Film kam.

Meistens lieferte mich Mama irgendwann, wenn wir in München waren, im Deutschen Museum ab, mal mit, mal ohne Hugo, Ivo ging eigene Wege, er war ja groß genug. Sie hatte keine Angst, dass ihrem Achtjährigen da was passieren könnte, weil sie großes Vertrauen in die Deutschen hatte und weil das Deutsche Museum eh zu ihrer Verwandtschaft gehörte. Der Gründer, Oskar von Miller, war ein Verwandter ihres Papas, des Ritters von Ingram. Dieser Oskar von Miller war auch oft zu Besuch auf dem Rieserhof in Rentsch bei Bozen gewesen, wo meine Mama eine wundervolle, glückliche, wenn auch zu kurze Kindheit verbrachte – der Erste Weltkrieg fing an, als sie acht Jahre alt war und sich als Älteste von drei Schwestern sehr um die Geschwister zu kümmern hatte.

Insofern war ich also im Deutschen Museum quasi zu Hause und ich fühlte mich dort auch so. Ich drückte alle Knöpfe, die man drücken konnte, ließ Magneten hinter Glasscheiben Gewichte hochheben, staunte vor der Kammer, die die Brownsche Molekularbewegung simulierte, es zogen so schnelle, grüne Bahnen durch die Gaswolke. Ich verstand aber nicht, worum es geht. Ich ging durch das Bergwerk, durch das U-Boot und durch die Ju 52, die da aufgestellt war, in der Musikabteilung traute ich mich, die ein oder andere Klaviertaste zu drücken, und im Planetarium ließ ich mich von den Planetenbewegungen und den Milchstraßen verzaubern.

Nachdem Mama mich wieder abgeholt hatte, ging es durch das zerstörte München zurück zum »Drei Löwen«.

Es gab immer noch ganze Straßenzüge, etwa den Färbergraben und die Sonnenstraße, wo zerbombte Häuser standen, Schutthalden aufgetürmt waren und aufgeräumt oder neu gebaut wurde. Und alle naslang hielt mit quietschenden Reifen ein Jeep der amerikanischen Militärpolizei, schwarze Jungs mit Stahlhelmen sprangen heraus und verschwanden in den Ruinen. Aufregend.

Manchmal durfte ich auch ins Marionettentheater, wo nachmittags immer Oper gegeben wurde. »Die Zauberflöte« hat mir nie mehr so gut gefallen wie dort. Abends aber ging es dann richtig los, für die ganze Familie, und so auch für mich: Entweder wir gingen alle in die Oper – den »Freischütz« von 1953 werde ich nie vergessen, ich erinnere mich noch an den Dirigenten: Erich Kleiber! – oder mein Papa nahm mich mit ins Kabarett.

Mein Papa war ein großer Literatur-, Kabarett- und Satire-Fan. Er liebte deutsche und italienische Satire: Ludwig Thoma, Nestroy, Dürrenmatt, Brecht, den er sehr gerne mochte, Carlo Manzoni (»Il signor Veneranda«), Giovannino Guareschi (»Don Camillo e Peppone«), Zuckmayer. Er kaufte oft »Il Travaso«, »Il Candido« und sogar »Il Borghese«, alles italienische satirische Zeitungen. Und ich sog sie in mich auf, am liebsten mochte ich die italospanische Kolumne »Olè, mi son la carmen«. Beim Abendessen in Bruneck saßen wir drei Jungs und der Papa oft da und lasen einander reihum Geschichten dieser Autoren vor, eine beinahe heilige Übung zwischen halb sieben und halb acht Uhr abends. War Papa irgendwo beruflich unterwegs, brachte er gerne Schallplatten der jeweiligen Kabarett-Ensembles mit. Aber auch Werner Krauß und seine grandiose Interpretation der Verteidigungsrede des Sokrates gehörten zu diesen Mitbringseln, für uns Pflichthörstunde zweimal im Jahr, oder Ernst Ginsberg und sein umwerfender Kleist oder Erich Pontos unübertroffene Lesung der Gedichte von Wilhelm Busch.

Ich war in München Papas Lieblingsbegleitung ins Kabarett, vielleicht auch, weil ich schon sehr früh ein erprobter Vorleser war, und er mich wohl für kabarettistisch begabt hielt. Morgens gegen halb sieben ging ich oft zu ihm ins Bett, wo er sich von mir Ludwig Thoma vorlesen ließ, und er genoss es sehr, wenn alles klappte. Er nahm mich zu Ursula Herking mit, der »Trümmerfrau« – ich sehe sie noch in der »Kleinen Freiheit« vor mir, aber verstanden hab ich nix –, zu Fritz Korn oder Michael Burk. Am liebsten ging er mit mir in »Die Zwiebel«, weil dieses Kabarett etwas kindergeeigneter war als »Die Kleine Freiheit«, in der viel Erich Kästner aufgeführt wurde.

Oft waren wir auch bei den Bunten Abenden im Deutschen Theater, die dann kabarettistisch und groß waren, wenn Michl Lang mit Liesl Karlstadt Karl Valentin spielte. Da stand allerdings auch Fred Kraus als Conferencier auf der Bühne, der Papa vom Peter, wo selbst ich gemerkt hab, dass das jetzt nicht wirklich Kabarett sein konnte. Noch nicht mal Cabaret! Die Garnierungen dieser Bunten Abende waren auch recht eigenwillig: Der Blädel Schorsch war da – er sang immer als Entree »Die B-lädel P-olka« und ließ dabei das »B« und das »P« explodieren, ein sensationeller Einfall –, er fiel aber für mich mehr unter die Kategorie Urviech, und Adolf Gondrell schien aus einer anderen Zeit zu kommen, so elegant formulierte er.

Und immer kam es zu kleinen Szenen mit den Platzanweisern, weil ich noch ein Kind war. Dass das nicht ginge, dass Kinder nicht länger als bis acht Uhr in der Öffentlichkeit sein dürften und so weiter. Papa reagierte mit gekonnter Gelassenheit, indem er auf Tiroler Sturheit schaltete:

»Ich bin der Vater und das ist mein Jüngster und ich komme aus Südtirol und da ist es üblich, dass die Eltern entscheiden dürfen, wann der Bub ins Bett zu gehen hat. Wenn er müde ist, werd ich ihn schon nach Hause bringen.«

Vielleicht war es die Überlegenheit seiner Argumentation, vielleicht war es der Tonfall, der keinen Widerspruch duldete – mein Papa war ein Muster an Gutmütigkeit und Langmut, aber wehe wenn ... –, vielleicht war es der Hinweis auf Südtirol, jedenfalls klappte es, ich durfte bleiben und wir beide waren glücklich.

Einmal hatte Herr Kirmayer vom »Drei Löwen«, ein Portier der alten Schule, ohne Aufforderung Karten für ein neues Kabarett-Theater besorgt, er kannte die Vorlieben meines Vaters.

»Da müssen Sie hin, die sind ganz neu und schon die Besten!«, sagte er direkt bei unserer Ankunft.

Und wir sind hin, in die Münchner Lach- und Schießgesellschaft, und da stand nun ein junger Kabarettist auf der Bühne, neben dem alle anderen plötzlich verblassten, und das hab sogar ich mit meinen elf Jahren gemerkt: Dieter Hildebrandt.

Da stand einer auf der Bühne, der die Texte, die er sprach, offensichtlich lebte. Seine Aufregung über die Zustände war echt, sein Lachen giftig, seine Sprache brillant, seine Pointen zielgenau und seine verschluckten Sätze genial. Keiner hat, und das ist ja bis heute so, mit verschluckten Sätzen und Pausen solche Wirkungen erzielt wie er.

Und dann der Auftritt nach der Pause. Dieter Hildebrandt kommt raus, beinah privat, und bittet um ein Stichwort. Einen der Zurufe greift er auf und dann legt er los: Ohne Punkt, ohne Komma improvisiert er los, dass allen nur der Mund offen stehen bleibt. Fünfzehn bis zwanzig

Minuten. Die Presse schrieb dazu »Feuerwerk« oder – so lange war der Krieg ja noch nicht vorbei – sprach von dem unvermeidlichen »Maschinengewehr« oder »kabarettistischem Trommelfeuer«. Ich verstand damals inhaltlich sicher kaum zehn Prozent. Was ich aber verstand, war, was Kabarett sein kann und sein muss und dass ich das an diesem Ort zum ersten Mal in Vollendung sehen konnte.

Wie Dieter Hildebrandt und ich vor wenigen Jahren übrigens herausfanden, war er damals bei meinen ersten Kabarettbesuchen in München einer der Kartenabreißer gewesen – und er konnte sich sogar noch an den kleinen Frechdachs und seinen Vater aus Südtirol erinnern. Wenn das mein Papa wüsste!

Die Platzkonzerte

»Heint afnocht isch afn Grobm Platzkonzert – heute Abend ist auf dem Graben Platzkonzert« war ein Satz, der im Sommer eine gigantische Wirkung hatte. Platzkonzert hieß: Der Graben gehörte uns.

Der Graben, das klingt nach »Grube« oder »Loch« und stimmt so auch: Mitte des 19. Jahrhunderts wurde der Wassergraben rund um die Stadtmauer in Bruneck zuge-schüttet, man brauchte ihn nicht mehr. Im Italienischen wird dieser Graben »Bastioni« genannt, das heißt »Schutz-wälle« und klingt schon eher nach was. Der wehrhafte Bi-schof Bruno hatte bei der Stadtgründung von Bruneck ur-sprünglich in der Tat auch militärische Absichten gehabt.

Aus dem zugeschütteten Wassergraben ist dann die Brunecker Prunkallee geworden. Orientiert am Wien von Kaiser Franz Josef und der berühmten Ring-Architektur bauten sich die Brunecker hier nach und nach ihre Flanier-meile. Großbürgerliche Häuser stehen am Graben, eine veritable Kastanienallee, ein Denkmal für Eduard von Grebmer – 1861 Bürgermeister von Bruneck, 1869 Landes-hauptmann von Tirol, damit ein großer Sohn der Stadt – und der Kiosk vom Gelati-Mandl, keiner hatte so gutes Zitronen-Eis wie er.

Vom Büro meines Papas am einen Ende des Grabens bis zum Hotel »Zur Post« und dem Florianitor am anderen erstrecken sich die zweihundert wichtigen Meter vom Graben, auf denen sich im Sommer Samstagabend für Samstagabend und manchmal auch sonntags die Brunecker Gesellschaft erging und wir Lausbuben mittendrin.

Musikalisch aufgebrezelt wurde das Ganze von der Musikkapelle Bruneck, die um halb neun Uhr abends zum Platzkonzert antrat, nachdem sie in Reih und Glied in ihrer wunderbaren Pustertaler Tracht vom Kapuzinerplatz aus aufmarschiert war. Vorneweg am Samstag der Dirigent, meistens der wundervolle Emil Schwaiger, von Freunden Schwemil genannt, wenn's aber besonders festlich sein sollte, ging der Obmann der Musikkapelle, der Stemberger Edi, als Tambourmajor den Herren voran, der schönste Mann im ganzen Tal. Er war gefühlte zwei Meter zehn groß, schlank und das, was man unter »stattlich« versteht. Seine blonden Wimpern hatten es den »Weiberleuten« angetan, sie konnten, wenn er den Tambourstab schwang – und er konnte es, meine Herren, und wie! – nicht mehr an sich halten und schenkten ihm Blicke, die seiner Frau nicht gefallen hätten. Wenn der Stemberger Edi voranging, hatte die Kapelle auch zwei Marketenderinnen dabei, die sich links und rechts vom Podium aufstellten und den ganzen Abend über ein festliches Konzertgesicht machen mussten. Die Umzüge und Aufmärsche der Musikkapellen begeisterten alle Brunecker, sie gehörten einfach dazu, wenn in der Stadt was los war: ob bei Primiz, Jahrhundertfeiern, Musik- oder Kirchweihfesten.

Bei den Umzügen zur legendären 7oo-Jahr-Feier der Stadt Bruneck im Jahr 1956 sah ich das erste Mal eine Blaskapelle, die ihre Wurzeln in alten heidnischen Musiktraditionen zu haben scheint und die zu den absoluten Höhepunkten der großen Musikumzüge schon damals gehörte: die Wurzelkapelle aus Wahlen. Die Wahlener Wurzelbläser kommen aus Toblach im Pustertal und bauen seit Menschengedenken aus Wurzeln Musikinstrumente. Mehr oder weniger riesige, bizarre Holzpfeifen, die großen für die tiefen und die kleineren für die hohen Töne – das Prinzip ist ähnlich wie bei den Maipfeifen, auch »Weidenpfeifen« genannt.

Der Kapelle voran ging einer mit der Ziehharmonika, damit ein bisschen Harmonie unter dem Ganzen lag. Damals haben wir uns schiefgelacht, weil es gar so hinterwäldlerisch aussah und klang, erwachsene Männer ziehen mit einem Stück Baumwurzel am Mund durch die Stadt, also wirklich!

Die Wahlener wurden für uns Kinder an Effekt, Lächerlichkeit und Bizarrerie nur noch von den Bersaglieri übertroffen, die auch in Bruneck bei den Paraden ab und an durch die Stadt liefen. Die Bersaglieri, eine der populärsten italienischen Truppen, waren Kräfte der leichten Infanterie, Scharfschützen, die sich in der Mitte des 19. Jahrhunderts ihre Sporen damit verdient hatten, dass sie als Sturmtruppen alles über den Haufen rannten. Darauf waren und sind sie so stolz, dass sie bis heute bei den Umzügen nicht marschieren oder schreiten, sondern laufen. Auch wenn sie Instrumente spielen. Von den Bersaglieri gibt es wunderbare Bilder aus dem Ersten Weltkrieg, wie sie mit zusammengeklappten Fahrrädern völlig verloren auf den hochalpinen Almen im Trentino herumstehen, dass man sich fragt, wie die denn mit den Rädern überhaupt so hoch hinaufgekommen sind und was die dort oben damit machen wollen.

Diese Bersaglieri tragen Hüte mit einem dicken Federbusch dran, die keck schief auf dem Kopf sitzen, der Busch bedeckt die Schultern. Bei den Umzügen stellten sie sich wie alle anderen am Kapuzinerplatz auf, warteten aber, bis

genug Abstand zwischen ihnen und der vor ihnen mar-
schierenden Kapelle war, um schließlich mit Täterää loszu-
laufen und ihren Bersaglieri-Marsch zu spielen. Dass diese
gockelhafte Art, militärisch und musikalisch imponieren
zu wollen, in dem Land, das die Wiege der Kaiserjäger war,
nicht wirklich goutiert wurde, ist wohl einleuchtend.

Das Holzgerüst, auf dem sich die Blaskapelle schließlich
platzierte, war für uns Kinder natürlich der ideale Spiel-
platz, solange die Musik noch nicht da war. Es war direkt
vor dem Gelati-Mandl aufgestellt und auf drei Etagen in
U-Form gebaut, ein imposantes Podium für die sechzig
oder siebzig Mann der Kapelle. Durchgehende Notenpulte
boten nicht nur ausreichend Platz für die Noten, sondern
schützten die Musiker auch vor dem Gehupe des Hinter-
mannes.

Da also tollten wir herum und spielten die Idole unserer
Kindheit: den Lasta Emil, Saxofon, weil der Super-Fahrrä-
der verkaufte und so herrliche Grimassen beim Spielen
schnitt, oder den Crepaz Fritz, genannt Pizzo, Trompete,
Flügelhorn und Kontrabass in der Tanzband mit Schwemil
am Akkordeon, weil der einfach toll war. Ich hielt mir die
Lufttrompete vor den Mund und reckte drei Finger an den
virtuellen Ventilen in die Luft, denn der Fritz hatte zwei bei
einem Unfall verloren, und so wusste jeder, wen ich meinte.
Dann aber rückte die Blaskapelle an und wir verschwanden
augenblicklich vom Podium.

Blasmusik hat in Italien einen hohen Stellenwert: Selbst
kleinste Orte haben ihre eigene Blaskapelle, oft »verstärkt«
von dort stationierten Polizisten oder Soldaten. Alle Blas-
kapellen spielen aber weniger militärische Musik, sondern
des Italieners Lieblingsspeise: große Oper. Verdi, Puccini,

Bellini, Donizetti und wie sie alle heißen, verdanken einen Teil ihrer unglaublichen Popularität eben diesen Bandas: Sie haben die Melodien aufs Land in die italienischen Herzen getragen, wo es keine Orchester und keine Opernhäuser gibt – und alle singen mit, wenn die großen Stellen kommen.

Ein bisschen etwas von dieser Tradition haben auch die Blasmusikkapellen in Südtirol übernommen. Dazu kommt natürlich die große k. u. k.-Literatur: Franz von Suppè, Karl Komzák, Johann Strauß Vater und Sohn, Joseph Lanner, um nur einige zu nennen. Und natürlich die feinere Marschliteratur, so da wäre der Marsch des York'schen Korps von Ludwig van Beethoven, der unverwüstliche Kaiserjäger-Marsch – bei dem gerne in Bruneck mitgesungen wurde! –, Radetzky bitte schön und Rákóczy durften auch nicht fehlen, die Hoch- und Deutschmeister sowieso und dann kam da noch die nationalheilige Literatur dazu, Sepp Tanzer und Sepp Thaler und »Wohl ist die Welt so groß und weit«, klar.

Die Kapelle nahm Aufstellung, der Lasta Emil war mit dem Saxofon dabei, wir freuten uns schon auf seine umwerfende Mimik, und der Pizzo hatte auf der mittleren Etage ganz vorne Platz genommen, zwinkerte uns Lausbuben zu und nahm die Trompete an die Lippen. Jetzt schob ein Helfer eine große Papptafel in einen Ständer schräg vor dem Podium. Dieser Ständer hatte die Form einer Marschgabel, nur eben größer, damit jeder lesen konnte, was auf dem Pappkarton stand. Richard Wagner stand da, »Rienzi« stand drunter und »Ouvertüre« oder »Sinfonia«. Dann hob Schwemil beide Arme und es ging los.

Es ging gut los, auch wenn die Klarinetten, die den Part der Geigen hatten, nicht immer miteinander harmonierten, Holz ist sensibel, ein kaltes Lüftchen und es verstimmt sich, und wenn zehn Klarinetten da sind, verstimmt es sich zehnmal, es ist zum Haarölsaufen, wie wir damals sagten. Andererseits, das ist der Sound der klassischen mediterranen Banda. Es ging gut los, weil die Brunecker Kapelle eine wirklich gute Kapelle war, die auch konzertante Musik konnte. Sie durfte Wagner spielen, weil sie ihn gut spielte.

Entweder stand ich mit meinen Freunden da und machte ein wichtiges Gesicht oder ich alberte mit ihnen rum. Ein wichtiges Gesicht setzte ich immer auf, wenn Bellini, Donizetti, Verdi oder eben Wagner auf der Papptafel stand – ich erinnere mich auch, dass sie Liszt auf dem Plan hatten, irgendwas Lyrisches, und »Das Glöcklein des Eremiten« war ebenfalls zu hören, Herz, was wolltest du mehr!! –, das war ich dem Ruf unserer Familie schuldig, denn in Bruneck wusste jeder, dass mein Bruder Hugo Klavier spielen konnte, und zwar vom Allerfeinsten, und dass mein großes Bruderherz Ivo ein herausragender Sänger war. Ich war da zwar noch nicht der Entertainer, der ich ab dem Pickelalter werden sollte, aber es hätte schon nicht gut ausgesehen, wenn ich bei Verdi auf dem Graben Faxen gemacht hätte.

Dafür war Zeit, wenn die Musik seichter wurde. Bei »O du himmelblauer See« zum Beispiel, eines der großen Verbrechen von Karl Millöcker, ein Lied, das jedem Kärntner sofort die Tränen in die Augen treibt:

Zwischen Felsen die voll Schnee
Liegt a himmelblauer See.
Und wer in den See schaut 'nein,
Sieht das höchste Glück tief drein.
O du himmelblauer See,
Du stillst mein Herzleid nit,
Stillst nit mei Weh.

Das wird nur noch übertroffen vom unvergleichlichen Thomas Koschat, auch er ein Kärntner Heiliger, und seinem Lied, von ihm stammt Text und Musik:

Verlassen, verlassen, verlassen bin i,
Wia der Stan af der Straßen, ka Diandl mag mi.
Drum geh i zum Kirchlan, zum Kirchlan weit 'naus,
Durt kniea i mi nieder und woan mi recht aus.

Im Wald steht a Hügerl, viel Bleamerln blühn drauf,
Durt schlaft mei arms Diandl, ka Liab weckts mehr auf,
Durthin is mei Wallfahrt, durthin is mein Sinn,
Durt merk i recht deutlich, wia verlassen i bin.

Wir haben uns damals schon über dieses köstliche »durt merk i recht deutlich« totgelacht, wobei man auch wissen muss, dass man dieses Lied, wie alle Kärntner Lieder, zweistimmig zu singen hat – selbst wenn man allein ist.

Wenn also die Banda sich zu diesen Titeln verstieg – wobei man da noch eines wissen sollte: Wir Südtiroler haben die Kärntner, die Niederösterreicher und die Wiener nie gemocht, sie waren uns zu ärmlich, sie jammerten immerzu und keiner konnte es ihnen recht machen –, dann wurde aufgelockert. Wir kauften uns ein Eis beim Gelati-Mandl, nachdem ich mir beim Herrn Papa, der vor dem Hotel »Zur Post« saß und seinen obligatorischen kleinen Braunen trank, ein bisschen Klimpergeld abgeholt hatte, oder wir spielten Raba und Putz, dann aber bis zum Grebmer-Denkmal und von da links rüber zum Tschurtschenthaler Park an der Ursulinenkirche, soviel Raum musste schon sein. Ich war meistens Putz, weil der Seppl und 's Hansile immer die Option auf Räuber hatten, dem ich nichts entgegensetzen konnte, weil sie stärker waren. Weiter unten am Graben wurde dann die Musik leiser, jetzt hörte ich auch das Blut im Ohr rauschen, so aufregend war es, die Gesellschaft flanieren zu sehen und zwischen händchen- schwitzenden Pärchen vor der luxuriösen musikalischen Kulisse einer nur für uns virtuos aufspielenden Blaskapelle Räuber und Gendarm zu spielen.

So ging das drei, vier Monate lang im Sommer jeden Samstag und es war nur schön. Dass das woanders »paseo« heißt, dass es das überall im mediterranen Raum gibt, dass da abends ein ganzer Ort ohne Ausnahme unterwegs ist und auf ein paar Hundert Metern schaut und gesehen wird, die Nachbarn neu vermisst und sozusagen gesell- schaftliches Update treibt, von Liebes- und Heiratsmarkt mal ganz zu schweigen, und dass das aus der Antike kommt und damals auf der Agora stattfand – das habe ich alles erst später erfahren.

Wie gut sich das aber anfühlt, sich als Kind in ein paar Tausend Menschen geborgen zu fühlen, den Bruneckern eben, das weiß ich vom Graben und seinen Platzkonzerten.

Balilla

Im Fiat Balilla von meinem Papa konnte ich stehen! Das war das Größte! Es war ein Auto mit einer gewissen politischen Vergangenheit, Balilla war die Mussolini-Faschistenjugend, Fiat aber hat ein Auto draus gemacht. Die Daten: Fiat 508 Balilla quattro marce, Berlina, ich glaube, er hatte zwei Türen und circa 24 PS, was damals der Hammer war, und er war schwarz.

Weil mein Papa oft in Bozen war, wöchentlich, nahm er gerne jemanden mit, allein fuhr er nicht so gerne: die Familie, den Präsidenten vom Brunecker E-Werk, einen sturmerprobten Rotweintrinker, der spätestens in Klausen kurz »telefonieren« musste, weshalb mein Papa extra durch diesen wundervollen Ort fahren und kurz anhalten musste. Damals war Klausen noch ein heruntergekommenes Kaff, marode Häuser und holprige Gassen, da war noch kein sanierendes Touristengeld den Eisack runtergeflossen. Damals hat uns in Klausen hauptsächlich das Kloster Säben interessiert, auf den Säbener Berg oberhalb von Klausen gebaut, natürlich ist das historischer Boden, also historischer geht's ja gar nicht mehr, und wenn Ötzi nicht da auf die Welt gekommen ist, dann sein Vetter oder so. Dort war's schon damals schön und ist es noch heute, beinahe mehr denn je. Vom Klausner Wein wollen wir erst gar nicht reden, der ist eine Klasse für sich, aber das wussten wir damals nicht, als wir hinten in der Balilla saßen und uns ruhig verhielten, weil ja vorne der Präsident saß und etwas unruhig von »I muass unbedingt amol telefonieren« sprach.

Wir warteten und zehn Minuten später kam er bestens gelaunt wieder, es muss ein sehr positives Telefonat gewesen sein.

Manchmal durften wir mit Papa in Bozen mittagessen. Im Sommer, bei schönem Wetter, war das immer ein Fest. Ich höre noch den Kies im Garten vom Hotel »Mondschein« unter unseren Füßen knirschen, im kühlen Schatten unter den Kastanienbäumen waren Tische aufgebaut mit Tischtuch und Stoffservietten und mein Papa wurde mit Namen begrüßt:

»Hammer no an Tisch fürn Dokter Beikircher frei?«, und: »Bitt schian, Herr Dokter, kemmens lei mit«, und: »Ah, heut isch die ganze Familie mit, sell isch aber schien, Buabn, gell?!«, und: »Mir hobm a eppas Guats gekocht für Enk!«, und das alles im Bozner Dialekt, den meine Mama viel, viel lieber hatte als den in ihren Ohren so groben Brunecker Dialekt und wir haben heimlich gelacht, weil es uns ein bisschen vornehm und hochgestochen vorkam, das Boaznerische und wir im Auto vorher noch das Anti-Bozen-Lied gesungen hatten, vermutlich stammte es aus den 1880er-Jahren:

An elektrisches Liacht wellns aa no habn
In Groß-Bozen, in Groß-Bozen in Tirol.
Und wenn alle Lampn glanzn,
Siecht man alle Wanzn tanzn,
In Groß-Bozen, in Groß-Bozen in Tirol.

Und an Leichenwagn wellns aa no haben
In Groß-Bozen, in Groß-Bozen in Tirol.
Bei der ersten scharfen Kurvn,
Hat's den Toten aussigwurfn
In Groß-Bozen, in Groß-Bozen in Tirol.

Endlos viele Strophen gab es von dem Lied und mein Papa kannte sie alle. Wir haben in der Balilla überhaupt viel gesungen, in den anderen Autos auch, aber in der Balilla sicherlich am meisten. Gerne auch im Kanon:

Heute marschieren wir
Zu den Bauern ins Nachtquartier.
Eine Tasse Tee,
Zucker und Kaffee,
Eine Tasse Tee,
Zucker und Kaffee,
Und ein Gläschen Wein,
Und ein Glä-hä-hä-schen Wein.

Das war zwar nur ein zweistimmiger Kanon, dafür konnten wir aber umso lauter grölen und das machte auch Freude.

Und jetzt die boaznerischen Kellner, uii, wie vornehm! Im Hotel »Mondschein« hatten sie damals eine Küche, die sich wirklich sehen lassen konnte, wie überhaupt das ganze Hotel. Es hatte auch eine große Garage, wo mein Papa die Balilla immer parkte. Der Schlüssel dafür war beim Portier, einem blonden, sehr hanseatisch sprechenden Mann mit sonorem hohen Bariton, der mir oft mit ein paar Tausend Lire ausgeholfen hat, wenn ich als Schüler im Antonianum, das nur ein paar Schritte weit weg war, wieder mal pleite war. Ewig Dank, dabei weiß ich nicht mal, wie er hieß, und obendrein hat er mich nie bei meinem Papa verraten, naja, wahrscheinlicher ist, dass mein Papa nie was sagte, weil er mich liebte. Den Schlüssel brauchte ich, wenn ich wieder mal auf Papa warten musste, weil er in der Baumwollspinnerei oder in der Handelskammer länger zu tun hatte, als er dachte – ich setzte mich dann schon einmal in die Balilla und fuhr virtuell zum Brenner und zurück.

Als wir endlich am Tisch saßen, warteten wir darauf, dass es hieß: »So, Kinder, bestellt's lei, is schon recht«, und ich bestellte mir als Vorspeise entweder eine Frittatensuppe oder einen italienischen Salat, den machten sie da besonders lecker, und als Hauptgericht, wenn es ging, das bollito misto, das gemischt Gekochte, mit salsa verde dazu und den cotecchino, solche Sachen mochte ich damals schon ganz besonders. Dazu gab's ein Kracherle oder eine Aranciata und danach ein Eis in der Glasmuschel mit dem schönen flachen silbernen Eislöffel, der allein schon Grund genug war, noch ein Eis zu bestellen.

Schöner essen war nur, wenn wir in Bozen im »Gambrinus« aßen, am Ende vom Waltherplatz Richtung Bahnhof – das bollito misto dort war legendär.

Der »Gambrinus« machte feinste italienische Küche und wenn man das in der Kindheit schon genossen hat, obendrein auch noch draußen, im Sommer, unter Kastanienbäumen, durch Oleander von der Straße geschützt, bleibt einem das im Herzen, im Sinn und auf dem Gaumen. Das ist nur noch zu »toppen«, wenn man im »Patscheider Hof« in Signat auf dem Ritten sitzt, seinen Wein trinkt, seine unglaublichen Nocken und Knödel isst und ins Tal schaut, mein Gott, was für eine Seligkeit.

Die Mittagspausen in Südtirol waren und sind zum

Glück meist immer noch typisch mediterran unendlich lang. Gegen halb eins machen die Büros und Geschäfte zu und vor drei macht kaum einer weiter, die Geschäfte meistens erst um halb vier oder gar vier Uhr.

Das ist übrigens die schönste Zeit in Bozen. Die Läden sind zu und es ist herrlich, im Sommer im kühlen Schatten der Lauben zu spazieren, man entdeckt plötzlich die wundervollen Seitengänge, hier und da ein Fresko, und schon ist man in der bürgerlichen Spätgotik und noch schöner: Schon ist man im Italien der Renaissance mit seinen prächtigen Giebeln, Palästen und Spitzbögen, und der Rest Europas scheint auf einmal ganz weit weg zu sein!

Mama wartete immer mit uns, bis die Geschäfte aufmachten, um ihre Besorgungen zu erledigen. An normalen Tagen mussten wir dann mit ihr durch Bozen hetzen, zum Nagele wegen der chemischen Reinigung, zum Biasion wegen der Pflänzchen, dem Honig und den Rettichsamen, was ja noch gegangen wäre, wenn Mama nicht mit der Frau Saltuari oder den Lagederischen – der Tante Irma, der Rosl, dem Walter, dem Ivo und wie sie alle hießen – endlose Plauderstündchen gehalten hätte. Sie war ja aus Bozen und kannte natürlich jede und jeden und Bruneck war weit weg und das jeweilige Update war lebenswichtig für sie.

An tollen Tagen aber setzten wir uns ins Café Reinstaller und sie erzählte: von ihrer Schwester Martha, die später den Bäckermeister Onkel Franz in Bruneck geheiratet hat und die in den Zwanzigerjahren eine Schönheit war und wegen der eigens ein Offizier der italienischen Luftwaffe über Bozen geflogen sei und dabei mit den Flügeln des Flugzeugs gegrüßt habe, und dass die Tante Martha verbotenerweise in ein Konzert der Josephine Baker gegangen sei, als die in Bozen gastierte, und dass die Baker als Zugabe ihren Popo aus dem Vorhang gestreckt habe, was die Bozner Herren zum schieren Wahnsinn getrieben habe. Sie erzählte aber nie, dass sie gemeinsam mit ihrer Schwester bei der Baker war. Dagegen erzählte sie sehr wohl von ihren Handarbeiten, mit denen sich die drei Schwestern und ihre Mama nach dem Ersten Weltkrieg über Wasser gehalten hatten, und dass sie ganz besonders auf dem Gebiet der Seidenmalerei, eine besonders feine Form der Stickerei, ein Ass gewesen sei, sie habe immerhin ein großes Prunkaltartuch für die Pfarrkirche Bozen gestickt, und einmal, als wir in die Pfarrkirche gingen, lag es wirklich auf dem Altar, ein unglaubliches Prachttuch. Ich glaube, ab da hätte ich meiner Mama alles geglaubt, auch wenn sie erzählt hätte, dass sie auf die Eigernordwand geklettert sei, so beeindruckt war ich.

So neigte sich der Tag, gegen sechs oder sieben trafen wir uns mit dem Papa und es ging nach Bruneck zurück. Das ging nicht immer einfach, denn hinter Brixen wartete eine Schikane auf uns, nein, auf die Balilla: die Schabser Höhe. Da führte die Straße von Brixen aus in einer gemeinen Steigung hoch ins Pustertal, eine Steigung, die nicht mehr aufzuhören schien, für die damaligen Autos eine Herausforderung. Wenn die Balilla voll war, also voll besetzt und/oder voller Einkäufe, fing auf halber Höhe der Kühler an zu kochen. Mein Papa hatte für den Normalfall stets vorgesorgt und entsprechende Wasservorräte dabei, aber das reichte nicht immer. Wenn wir Glück hatten, kochte die Balilla da, wo Häuser waren, wenn nicht, mitten im Wald. Das hieß: warten, singen, warten, frieren, mit der Mama kuscheln oder einfach einschlafen, was immer noch einfacher war, als den ganzen Stress mitzumachen. Vielleicht habe ich von der Schabser Höhe diese Fähigkeit, die meine Frau so beneidet: Ich kann im Stehen schlafen – ich hab als

Student mal im Dezember von Bonn bis München einge-
keilt zwischen Schiern im Gang des Waggons die Nacht
durchgeschlafen – und mittags am liebsten, wenn Lärm
um mich herum ist, oder, früher, wenn alle Kinder auf mir
lagen.

Wenn der spannende Moment kam, in dem Papa mit einem Handtuch den Kühler aufmachen musste, das kochte
manchmal in imponierende Höhen hoch, war das Schönste daran, dass mein sonst immer eher sanfter Papa anfing
zu fluchen.

Wie überhaupt mein Papa eigentlich sonst die Ruhe in
Person war, außer manchmal ... Einmal hat er Knödel geworfen. Wir aßen im Sommer immer »unterm Dachl«,
draußen, unter einer Laube im Garten. Die Schüssel stand
am Tisch, er wollte sich mit der Gabel einen Knödel angeln, das ging aber schief. Noch zwei- dreimal stocherte er
in die Suppenschüssel, jedes Mal rutschte ihm der Knödel
von der Gabel. Da packte er die Schüssel und warf sie mit
den Worten »Noa halt net – dann eben nicht« samt Inhalt
auf die Wiese. Nach einer Schrecksekunde bog er sich zusammen mit uns vor Lachen, was wiederum unsere Mama
weder verstand noch lustig fand.

Das war auch bei einer solchen Fahrt toll, diesen anderen
Papa plötzlich zu sehen, einen, der Angst vor Verbrennun-
gen hatte, der den Kühler beschimpfte und überhaupt sich
recht unchristlich gab. Irgendwann ging's dann wieder
und die Balilla zuckelte den Rest bis Mühlbach hoch.

Einmal war der Scheibenwischer kaputt, es schneite und
Papa musste die Scheibe herunterlassen, um mit der Hand
die Schneeflocken wegzuwischen. Das war ganz großes Kino für uns, für ihn wohl nicht, zumal unsere Mama zu den
Frauen gehörte, die im Gefahrenmoment gerne den Gefahrenmoment betont:

»Naa, Papa, pass um Gottes willen auf, des isch so kalt draußen, du kannsch dir die Finger derfrieren.«

»Jo im Wald schtian bleibn könn mir aa et!«, war die etwas ruppige Antwort, die diese Fahrt nach Bozen und zurück schließlich zu einem wahren Erlebnis für uns machte.

Wenn wir dann gut die Schabser Höhe überwunden hatten, war das Gröbste hinter uns, jetzt noch eine gute halbe Stunde und wir waren zu Haus.

Oft habe ich mich gefragt, ob der Präsident vom E-Werk, der ja oft mit uns nach Bozen gefahren war, deshalb auf der Heimfahrt nie dabei war, weil er wusste, dass da noch die Sache mit dem Kühler passieren konnte. Ich habe nie herausgefunden, ob er mit dem Zug nach Bruneck zurückfuhr oder in Bozen über Nacht blieb, aber gewundert hab ich mich schon.

Die späteren Autos, der Topolino und die VW Käfer, hatten mit der Schabser Höhe kein Problem. Vielleicht war deshalb die Balilla schöner als jedes Auto, in dem ich später saß.

Der nördlichste Spargel Italiens

Bruneck liegt bekanntermaßen in Südtirol. Im Pustertal. In 833 Meter Höhe. Wir wohnten ab 1953 an der Tauferer Straße, das ist im Norden Brunecks, da, wo das Tauferertal beginnt und die Fallwinde von den Gletschern herunter freie Fahrt haben und dort hatten wir einen großen Garten.

Meine Mama hat sich in Bruneck nie wohlgefühlt: Sie fand es dort schlechterdings zu kalt, zu dunkel, zu kleinstädtisch. Sie kam schließlich aus dem warmen, sonnigen und schon etwas großstädtischen Bozen. Vielleicht rührte auch daher ihr Ehrgeiz, in Bruneck Spargel anzubauen. Sie wollte dem rauen Norden trotzen und sie hat es geschafft. Aus Gründen der Fairness muss man natürlich sagen, dass sie sowieso einen grünen Daumen hatte, mit dem sie es dem Klima in Bruneck auf 1500 Quadratmetern Garten aber auch so was von gezeigt hat. In ihrem Garten hatte sie Köstliche, Kanadier, Lederäpfel, Alexanderbirnen, Himbeeren, Zwiebeln, Auberginen, Zucchini, Salate aller Art – Eisberg, Endivien, Radicchio, Maikönig, der immer voller Schnecken war –, Radieschen, mindestens drei Arten von Rettichen, Ribisl, schwarze Johannisbeeren, Erdbeeren, Rohnen, Erbsen, Bohnen, Tomaten, Porree, mehrere Arten von Gurken, Weißkohl, Rotkohl, Grünkohl, ach was weiß ich, was noch alles. Und eben Spargel. Das alles gedieh großartig, nur, das musste auch gehegt und gepflegt werden.

Für meine Kindheit hieß das, da meine beiden älteren Brüder bereits aus dem Haus waren, täglich gegen Abend mit den Gießkannen laufen, denn gießen darf man nur im frühen Abendlicht. Ich ging also ab achtzehn Uhr mit den zwei Gießkannen raus in den Garten, füllte die Kandln, balancierte zwischen den Beeten und verteilte das Wasser »aber schön gleichmäßig, Konnele, gell« auf die verschiedenen Gewächse. Jeweils zwölf Kilo stemmen und immer die Mama im Nacken, die vom Küchenfenster aus meinen Einsatz überwachte: »Konnele, iatz muasch aber noh die Fisolen giaßn, gell, net vergessn!« – das machte die zwölf Kilo zu gefühlten fünfzig und die Hilfe für die Mama zur ausgewachsenen Sklaverei.

  Der Garten trug derart unter Mamas Obhut, dass die beiden Gemüsehändler von Bruneck, der Checucci und der Sanin, ihr unseren Überschuss abkauften. Und das wiederum hieß jeden Morgen in den Sommerferien, in diesem Fall leider vier Monate lang!, dass das Konnele mit dem uralten Damenfahrrad, auf dem vorne und hinten ein großer Gepäckträger aufgeschweißt war, mit zwei Harassn Salat oder was auch immer, in die Stadt musste. Natürlich schämte ich mich, wenn mich meine Mitschüler dabei erwischten und mir eine lange Nase zeigten, na ja, es war vielleicht weniger Scham als mehr Zorn darüber, dass ich helfen musste, während die anderen spielen durften. Auf der anderen Seite nämlich war ich Lieferant! Der Sanin gab mir dann immer eine Kleinigkeit, ein paar Boxelen, also Johannisbrot, oder ein Briefchen »Käschtelemehl«, also Kastanienmehl, das war nicht schlecht. Der Checucci hatte zwar den schöneren Laden, dafür aber war er geizig. Von dem hab ich nie was bekommen.

Meine Mama hat also den Gletscherwinden eine Mauer entgegengesetzt und direkt dahinter hat sie in feinstem Flinssand – der aus der Ahr kam, aber aus der Ahr, die in Bruneck in die Rienz mündet, nicht aus der Ahr, die bei Remagen in den Rhein mündet und die justament dort den feinsten deutschen Spargel wachsen lässt – insgesamt sechzehn Reihen Spargel gezogen. Es hat funktioniert. Man sollte in Bruneck ein Denkmal errichten: eine Stange Spargel, die sich durch den Gletscherfirn gen Himmel reckt und darunter der Name meiner Mama, so wie sie ihn immer gerne hatte: Flora Beikircher, geb. von Ingram, als Dank für den nördlichsten Spargel Italiens, ach was, des Mittelmeerraums!

Und wie der geschmeckt hat! Er war natürlich nicht so früh wie der Spargel anderswo, aber im Mai war es dann auch bei uns so weit. Da bei uns immer um halb eins gegessen wurde, setzte Mama um Viertel nach zwölf einen Topf Wasser auf, ging hinauf »in die Spargeln« und stach, was sie brauchte. In der Küche wartete schon das Dienstmädchen mit geschärftem Spargelschäler und ab ging die Post: Während des Spargelschälens wurde die Butter aufgesetzt und der Schinken auf die Vorlegeteller drapiert. Dann kamen die Spargel in den Topf – ohne Zuckerbeigabe, wir liebten ihn herb! – und wenn Papa kam, wurden die Kartoffeln – Pustertal ist das Paradies der Kartoffeln! –, die seit Viertel vor zwölf dran waren, abgeschüttet und zusammen mit dem Spargel und dem Salat auf den Tisch getragen. Und dann wurde gegessen.

Wer noch nie den Spargel so frisch hat essen dürfen, weiß nicht, was ihm bisher entgangen ist. Ich habe meistens auf den Schinken verzichtet, damit er mir nicht den fein-herben Spargel erdrückt. Die Butter hat den Geschmack sanft eingehüllt und ihn mit der Kartoffel zusammen zart im Munde verteilt. Ein Gedicht.

Heute noch ist Spargel für mich etwas vom Größten auf dem Teller, aber auch der beste bleibt nur Erinnerung an das, was er sein kann. Ich geh schon mal schauen, wo ich Sand herbekomme!

Toad kimm aussa

In jeder Gruppe gibt es besondere Talente und so war das auch bei uns Kindern vom Stegener Weg. Der eine konnte Maipfeifen schnitzen, der andere Regenwürmer essen – »Stegener Brot« nannte ich diese Spezialität: eine Scheibe Brot, etwas Erde drauf und einen Regenwurm hineingedrückt, das Ganze wird zur allgemeinen Begutachtung voller Ekel herumgereicht und dann vor aller Augen gegessen, es war einer meiner Hits. Der dritte konnte zaubern und der vierte hatte ein Flobert-Gewehr, also ein Zimmerstutzen für den Hausgebrauch, auch als Zirkuswaffe oder Vereinsschießprügel, Artistenwerkzeug oder Schrotflinte für die Schießbude einsetzbar. Das war der Seppl und der hätte das gar nicht nötig gehabt, weil er ja ohnehin unser Anführer war.

Dieses Flobert-Gewehr zeigte er uns oft, nie hatte er aber Munition dafür dabei. Manchmal brachte er allerdings auch ein richtiges Luftgewehr mit, die mit diesen roten Federbolzen, die mir immer gut gefallen haben, weil sie so schön über die Fingerkuppe bürsteten.

Mit diesem Luftgewehr haben der Seppl und ich eine Wette geklärt: ob das Auge aus Glas oder flüssig sei. Wochenlang hatten wir Stegener-Weg-Kinder uns darüber gestritten, bis sich schließlich zwei Meinungsführer herauskristallisiert hatten. Seppl war für fest, ich für flüssig.

Argumente: fest, so Seppl, weil man ja durchgucken müsse, was nur ginge, wenn das Auge so fest wie ein Glasspecker, also eine Glasmurmel, sei, und Flüssiges bewege sich, also könne man nicht gut gucken, sähe man ja, wenn man in die Wiere schaue, wo man eben auch kaum was sähe. Flüssig, so meine Begründung, weil ein fester Glaskörper splittern könne und das könne der Liebe Gott wohl nicht im Sinn gehabt haben, als er das Auge geschaffen habe, dass man sich nämlich verletze, wenn man sich mal stoße und wie oft das passiere, sähe man ja täglich, außerdem würde bei jeder Rauferei dann Glas splittern, vielleicht sei es nicht ganz so flüssig wie die Wiere, aber flüssig schon, weil das bedeute, dass es auch was aushalten könne.

Die Fronten waren klar, jetzt musste entschieden werden, wer recht hatte, aber wie?

Da näherte sich die Antwort auf diese Frage in Gestalt eines Tieres. Oben auf dem Graben befand sich das Gerichtsgebäude mit ein paar Zellen, vermutlich zum Ausnüchtern, Bruneck war nicht wirklich das Chicago Südtirols. Das Gefängnis hatte natürlich Personal, das wir nicht kannten, aber einen Hund, den wir wohl kannten. Er war so eine undefinierbare Mischung aus Schäferhund, Spitz und vermutlich Schildkröte, ein unglaublich vertrauensseliger, bequemer Hund, der immer mal wieder zu uns »geloffn« kam, um uns bei unseren Unternehmungen zu begleiten. Er würde wohl für unser Experiment stillhalten.

Kaum hatte sich der Hund zu uns gesellt, ging der Seppl sein Luftgewehr mit Bolzen von zu Hause holen. Wir liefen mit dem Hund ein Stück den Stegener Weg hinunter bis kurz vor den Durchlass unter den Geleisen, da, wo keine Häuser mehr waren. Dort stellten wir uns um den armen Kerl auf und der Seppl legte an. Ziel war es, durch einen Schuss ins Auge festzustellen, wer recht hatte. Im letzten

Augenblick fiel einem von uns ein, dass es entscheidend sei, das Auge nur zu streifen, sonst könne man unter Umständen gar nichts sehen. Das leuchtete allen ein.

Wir packten den Hund zu mehreren, er hielt still und der Seppl drückte ab. Als sich der Schuss löste, ließen wir vor Schreck das Tier los, das jaulend davonstürzte, und wir standen da, ohne dass wir gewusst hätten, wie die Wette ausgegangen war.

Natürlich trauten wir uns nicht, zum Gericht zu laufen, um nach dem verletzten Hund zu schauen, man hätte uns als die Täter entlarvt und der Gefahr wollte sich keiner von uns aussetzen. So schickten wir uns darein, diese Frage vorerst nicht entscheiden zu können, und drückten uns einige Tage lang mit ungeheuer schlechtem Gewissen auf dem Stegener Weg herum. Bis er plötzlich wieder auftauchte, der Hund. Er stand da und schaute uns, seine Freunde, an, aus beiden Augen! Auch ihn hatte der Schuss offensichtlich so erschreckt, dass er schon deshalb Hals über Kopf geflüchtet war, bevor er getroffen werden konnte.

Wir haben uns nicht getraut, das Experiment zu wiederholen. Seppl und ich waren so dicke Freunde, dass wir wahrscheinlich aus diesem Grund darauf verzichteten, die Frage mit einer Prügelei zu entscheiden. War auch besser so, denn da wäre eh nur herausgekommen, dass das Auge aus Glas sein musste – der Seppl war ja stärker als ich.

Wir hatten unter den Stegener-Weg-Kindern aber eben auch einen Zauberer und das war der Heinz. Er gehörte zu den Großen, er war ein paar Jahre älter als sein Bruder Korile, das Karlchen also, der Seppl, der Hansjörg oder ich. Seine Familie wohnte im Nachbarhaus im ersten Stock, der Vater war Friseur oben am Graben. Bei ihm im Laden roch es so gut, dass ich oft allein zum Graben gestreunert bin, nur um an dem Geschäft vorbeizugehen und zu schnuppern. Diese Mischung aus Leder, an dem die Rasiermesser vor dem Rasieren geschärft wurden, Tarr, das war das 4711 der Fünfzigerjahre Italiens, und Brillantina Linetti, eine Art Wet Gel, nur dass es besser roch und mindestens so effektiv wie das ganze Zeug von heute war. Unvergessen sind die Werbefilme von Brillantina Linetti mit Kriminalkommissar Ispettore Rock, gespielt von Cesare Polacco, die vor dem eigentlichen Kinoprogramm liefen: Im kleinen Spot geht Ispettore Rock zum Verbrecher, sagt ihm auf den Kopf seine Verbrechen zu, der zieht daraufhin die Pistole und erschießt den Kommissar, da geht die Tür auf und der echte Ispettore Rock tritt ein, bedankt sich bei seinem Kollegen Sergente Dingens, der sich als Ispettore-Rock-Double geschminkt hat und dem nichts passiert ist, weil er natürlich eine kugelsichere Weste anhatte, woraufhin der Verbrecher zwischen den Zähnen hervorstößt: »Sie begehen wohl nie einen Fehler, Ispettore, was?«, was Ispettore Linetti mit den Worten kontert: »Non è esatto! Anch'io ho commesso un errore: non ho mai usato la brillantina Linetti – das ist nicht korrekt! Auch ich habe einen Fehler gemacht: Ich habe nie die Brillantina Linetti benutzt!«, den Hut lüftet und: seine Glatze zeigt!

Der Rasierschaum, der in dem kleinen Schälchen geschlagen wurde, das Herr Wolf wie alle Friseure damals in der Hand hielt, als wäre es eine Palette und er ein Giotto oder ein Dalí, fügte dem Duftgemisch noch eine Prise Badezimmer hinzu, es war die perfekte Duftnote, sich für alle Abenteuer, die einen am Graben erwarteten, gewappnet zu fühlen. Ich roch das auch so gerne, weil mein Papa überzeugter Elektrorasierer war und das machte keinen Duft. In unserem Badezimmer roch es höchstens nach Pinienbad und das war es schon an Aufregung.

Der älteste Sohn vom alten Wolf, der Heinz also, war ein echter Tausendsassa: sportlich, immer Geschäftsideen im Kopf, unser Meister der schnellen Lira. Eine seiner Geschäftsideen war die Aranciata-Bude. Er war dahintergekommen, dass man Orangenlimonade, also Aranciata, sehr günstig selber machen kann: Wasser, Brausepulver und in der Hintergasse beim Harpf – Bäckerei, Getränkevertrieb und mein Onkel – einen Kasten Leergut geklaut, das war es schon. Wir füllten die Flaschen mit Wasser, Brausepulver rein und der Heinz verschloss sie mit einem Trick, den wir nie herausbekommen haben – sie sahen aus wie neu. Wir stellten einen Tisch vor der Garage vom Staggl auf und nun konnte es losgehen. Passanten gab es viele, sie gingen oder fuhren mit dem Rad nach Stegen oder um die Ecke Richtung Spital, Hausfrauen, Bauern. Wir setzten unsere Unschuldsmienen auf und verkloppten unter der Anleitung vom Heinz unser selbst gebrautes Gesöff.

Wir hatten sogar eine Kühlung für die Flaschen: In die Wiere, die von der Öhler Säge kommend bei uns vorbeifloss, hatten wir ein Schaffl, also eine Wanne, mit Fläschchen gestellt. Die Wiere war zwar nicht sauber, aber kalt und das langte. Die Umsätze waren, wie ich mich erinnere, gigantisch, das Geschäft hielt einen ganzen Sommer, es war der Renner im Stegener Weg. Dann fing die Schule wieder an und wir mussten das Projekt einfach aus Zeitmangel wieder einstellen.

Der Heinz war auch auf Skiern ein Ass: Er hatte einen beneidenswerten Gleitschritt drauf, den er der Schlittschuhtechnik entnommen hatte, was dazu führte, dass ich das Skifahren mit sechs Jahren aufgegeben habe.

Die stärkste Seite vom Heinz aber war: Er konnte zaubern. Und weil wir das alle wussten, hatten wir einen Heidenrespekt vor ihm. Als er es uns dann schließlich zeigte, waren wir vollends aus dem Häuschen. Eines schönen Sommertages war es so weit. Der Heinz lud uns alle ein, gegen Eintritt, versteht sich, in den Keller des Hauses, wo er wohnte, Eingang am Ende der Böschung Richtung Staggl-Garage, zu einer Zauberveranstaltung zu kommen. Er persönlich gebe sich die Ehre und rechne mit uns.

Wir waren bestimmt zwanzig, dreißig Kinder, die vor der verschlossenen Kellertür warteten. Dann ging diese auf, der Heinz stellte ein kleines Tischchen raus, setzte sich dahinter und kassierte. Es mögen zehn Lire gewesen sein, vielleicht auch zwanzig, bei der Kaufkraft von zehn Lire – zwei Briefchen Kastanienmehl oder zwei Kugeln Eis beim Gelati-Mandl – eine erhebliche Summe. Wir drängten uns in den nur funzelig beleuchteten Kellerraum und hockten uns auf den Boden. Vor den Regalen an der Kellerwand befand sich ein Tisch, darüber war ein schwarzes Tuch gebreitet und vorne auf dem Tuch ein Totenkopf aus weißem Papier zu sehen.

Wie es sich für eine ordentliche Zaubervorstellung gehörte, ging das Licht aus, als wir alle saßen, und dann kam Heinz herein. Er hatte einen Zauberstab in der einen Hand, eine brennende Kerze in der anderen und einen kegelförmigen magischen Hut auf dem Kopf. Das flackernde Licht gab seinem Gesicht etwas »Antrisches«, also etwas furchterregend Jenseitiges, das war gruselig und toll. Jetzt war er nicht mehr nur der Heinz, jetzt war er der Zauberer. Er zündete noch ein paar Kerzen auf dem magischen Tisch an, dann ging es los.

»Iatz passt la au, weil iatz zoag i enk eppas, was es no nie gsegn habts – Jetzt passt nur auf, denn jetzt zeige ich euch etwas, was ihr noch nie gesehen habt«, sagte er, griff in die Luft und hatte eine brennende kleine Fackel in der Hand.

Wir erschraken zunächst, dann klatschten wir natürlich.

»Es moants, es kennts mi, ober i sog enk, koaner kennt mi, weil i bin et lei a kloaner Zaubara, i bin gonz hoamlich a groaßer Zaubara – ihr glaubt, ihr kennt mich, aber ich sage euch, keiner kennt mich, denn ich bin nicht nur ein kleiner Zauberer, ich bin ganz heimlich ein großer Zauberer!«, fuhr er fort und blies die kleine Fackel aus, die sich plötzlich in einen Blumenstrauß verwandelte.

Schier unglaublich. Dann führte er ein paar Kartentricks vor, um uns zu zeigen, dass er auch alle Tricks der kleinen Zauberei beherrschte. Was einer, der ein so großer Zauberer war wie er, eben auch können musste. Dann kamen noch ein paar Tricks mit dem magischen Würfel, der immer die Augenzahl zeigte, die er ihm befahl, ein paar Gedankenlesetricks und dann kam das große Finale.

»Ob oando a groaßer Zaubara isch, siecht man, wenn er in Toad beherrscht, weil sell konn lei a richtig groaßer Zaubara, an anderer kennats et, wurscht wos a sogg – ob einer ein großer Zauberer ist, sieht man daran, dass er den Tod beherrscht, weil das kann nur ein richtig großer Zauberer, ein anderer könnte es nicht, egal, was er sagt«, verkündete er, dann stellte er sich vor den magischen Tisch.

»Und iatz hear i koan Mucks mehr, weil iatz geahts um Leben und Toad! I will iatz in Toad selber beschwören. Herkemm soll a zu ins, sell will i ihm autragn, aber sell isch eppas, vor dem i selber Angscht hon, und la wia! I hon aber meine Berechnungen ungschtellt und de sogn, dass es haint giahn kennat und i probiers iatz! – Und jetzt höre ich keinen Mucks mehr, weil jetzt geht es um Leben und Tod! Ich will jetzt den Tod selber beschwören. Herkommen soll er zu uns, das will ich ihm befehlen, aber das ist etwas, wovor ich selber auch Angst habe, und wie! Ich habe aber meine Berechnungen angestellt und die sagen, dass es heute gehen könnte, und ich probier es jetzt!«

Er blies die Kerzen bis auf die eine aus, die er in der Hand hielt. Mit dem Zauberstab fuchtelte er wild in der Gegend herum, murmelte magische Formeln, die Wolfsschlucht im »Freischütz« war nix dagegen, dann schließlich, als die Spannung nicht mehr auszuhalten war, krümmte er sich in offensichtlich ungeheuren Schmerzen, warf sich auf den Boden und rief:

»Toad, kimm aussa – Tod, komm heraus!«

Und tatsächlich – der Totenkopf auf dem schwarzen Tischtuch fing an, sich nach vorne in unsere Richtung auszubeulen.

»Toad, kimm aussa!«, wiederholte Heinz und der Totenkopf drückte sich weiter vor, wir schrien wie verrückt, sprangen auf und wollten rauslaufen, aber die Kellertür war zu.

»Toad, bleib, wo du bisch – Tod, bleib, wo du bist!«, und der Totenkopf hielt still. Das aber beruhigte uns nicht im Mindesten.

»Loss ins aussn, Heinz, dai, loss ins aussn – lass uns raus, Heinz, geh, lass uns raus!«, flehten wir Kinder den Magier an, der uns mit beschwörender Geste zur Ruhe mahnte, dann die Tür aufsperrte, uns hinausscheuchte und drinnen rief:

»Toad, geah zurück!«, und damit wieder Ruhe ins Universum brachte.

Da waren wir aber schon in der Sonne auf dem Platz draußen.

Die Vorführung war ein sensationeller Erfolg. Wir hatten so viel zu reden und zu erzählen, dass uns zunächst gar nicht auffiel, dass das Korile, der kleine Bruder vom Heinz und mein Kumpel, gar nicht da war. Irgendwann kamen wir aber drauf, dass er auch bei der Vorstellung nicht dabei gewesen war, wo er doch mittags noch mit uns gespielt hatte.

»Wo ischen's Korile?«, war die große Frage, die alle bewegte, wir konnten sie aber nicht beantworten.

Wir fingen draußen an zu spielen, vermutlich Raba und Putz, wie immer, als plötzlich 's Korile auftauchte. Heulend.

»Jo wos ischen, Korile, wos hoschen?«

»Do Heinz hot mi nimma aussagilossn, i hon die ganze Zeit unton Tisch unto den finschton Tuiche bleibn miassn – der Heinz hat mich nicht mehr rausgelassen, ich habe die ganze Zeit unterm Tisch unter diesem finstern Tuch bleiben müssen«, stammelte er und lüftete so ungewollt das Geheimnis des großen Zauberers und der Todesbeschwörung.

Ich weiß nicht, ob und wie ihn sein Bruder für diesen Verrat bestraft hat, ich weiß nur, dass es dem Zauber dieser Vorstellung keinen Abbruch tat.

Der Heinz hat aber nie mehr gezaubert. Den Zauberstab und den magischen Würfel, den er mir ein paar Tage später schenkte, habe ich bis zum Umzug von Siegburg zurück nach Bonn noch besessen. Dann hat ihn wohl der Toad zurückgeholt.

Die Frigilan

Die Löcher in den Umkleidekabinen der Schwimmschuile in Bruneck reichten nicht aus, alle Fragen zu beantworten, die einen Jungen ab acht Jahren so umtrieben. Was ist bei den Frauen anders als bei den Männern? Dass Frauen anders gebaut sein müssen als Mädchen, die wir kannten und am Stegener Weg sogar ganzkörperlich, denn da waren zwei dabei, die uns gerne alles zeigten, wenn keiner zuschaute, unten im Keller, wo der Heinz gezaubert hatte, das sah man ja allein schon daran, dass Frauen einen Busen hatten und Mädchen keinen. Was war das für ein geheimnisvoller Gestaltwandel, der Spielkameradinnen plötzlich zu so ganz anderen Menschen machte, zu Frauen? Es musste mit den Kindern zusammenhängen, mit dem Kinderbekommen, so viel war klar. Also wurde diese Frage zur zentralen Frage: Wie geht das eigentlich mit dem Kinderkriegen?

Dass das etwas Furchtbares sein muss, etwas Schmerzhaftes vielleicht, etwas ganz, ganz Hässliches, sah man schon daran, dass niemand darüber sprach. Als Tante Lotte dann zu Hause in ihrem Bett lag und Besuch empfing, als ihr Tassilo auf die Welt gekommen war, und meine Mama mich mitnahm, um zu gratulieren, hatte ich mir vorgenommen, sie zu fragen, wie das denn gegangen sei, sie musste es ja wissen. Aber als ich am Bett stand und

sah, wie blass sie war, und dass sie zwar lächelte und glücklich aussah, aber zu schwach zum Reden war, da traute ich
mich schon nicht mehr. Zumindest war das jetzt schon
einmal klar: Es musste etwas sein, das die Frauen sehr
schwächte, aber auch froh machte. Diese Erkenntnis lüftete allerdings noch immer nicht das Geheimnis um diesen
Vorgang.

Auf dem Nachhauseweg nahm ich all meinen Mut zusammen und fragte meine Mama, wie das denn mit dem
Kinderkriegen sei. Sie schaute mich etwas befremdet an,
setzte sich dann mit mir auf eine Bank am Rienzufer. Ich
hatte wohl öfters schon danach gefragt, vielleicht schien
ihr die Zeit jetzt reif zu sein, den Jüngsten endlich aufzu-
klären.

»Woasch, Konnele, des isch so«, fing sie an und fragte
mich, ob ich denn schon mal gesehen hätte, dass Frauen
manchmal dicker werden, also sehr viel dicker und tastete
sich so langsam an das zentrale Geheimnis heran.

»Und dann, Konnele, wenn des Poppele im Bauch groaß
genua isch, dann kimmts aussa. Da geht dann der Nabel
auf und do kimmts Poppele aussa und weil da der Bauch a
Momentl ganz offn isch, isch des gfährlich und deshalb
giahn die Fraun do besser ins Spital, so isch des.«

Na denn, also: Der Nabel geht auf. Das war ja mal eine
klare Antwort. Ich stellte mir das ziemlich monströs vor,
aber es war auch endlich die Erklärung dafür, dass da mitten auf dem Bauch überhaupt so was war, »so a Knöpfl«,
das ja sonst keinen Sinn hatte. Der Nabel war einfach da
und ab und zu machte ihn die Mama sauber, mit einem
Streichholz und etwas Watte drum herum und das war immer eher unangenehm, »gutschlte«, also kitzelte ganz weit
hinten im Bauch, und das, was sie rausholte, roch irgendwie blöd.

Meine Mama war ohnehin eine hygienisch sehr bewusste Frau, die sich um unsere Sauberkeit recht intensiv kümmerte. Es war aber auch eine Zeit, in der in dieser Hinsicht ständig Alarm war, ich sage nur: Würmer! So gab es bei uns die abendliche Kontrolle für Spulwürmer, immer dann, wenn Mama aufgefallen war, dass Hugo oder ich uns auffallend oft am Hintern kratzten. Hugo und ich knieten uns an solchen Abenden nebeneinander auf das Bett, Mama stand hinter uns, zog uns die Pyjamahose runter und los ging das, was die Internisten mit ihrem groben Humor gerne die »Hafenrundfahrt« nennen, Mama schaute nach Spulwürmern im Enddarm. Was man nicht wissen kann, wenn man so etwas noch nie hatte: Man spürt die Sauviecher und kann sie genau lokalisieren.

»Na, der isch no weiter drin, Mama«, und Mama suchte weiter und da! hatte sie einen im Taschentuch, das sie dafür benutzte. Da zappelte er träge vor sich hin: sechs, sieben Zentimeter lang und hochinteressant.

Bei mir gab es meistens die besseren und mehr Exemplare – manchmal waren es vier bis fünf – als bei meinem Bruder Hugo, was in erster Linie daran lag, dass ich einfach doppelt so viel im Dreck war wie er, außerdem war ich immer gut für extreme Experimente.

Ich hatte für alle im Stegener Weg zum Beispiel die Frage geklärt, wie ein Kuhfladen schmeckt. Davon hatten wir schließlich mehr als genug herumliegen und einer musste doch mal den Mut haben, da reinzubeißen. Dass das nicht geht, solange der Fladen noch nicht trocken ist, war klar, er läuft einem durch die Finger. Wir warteten also ein paar Tage, bis der Fladen von oben gut angetrocknet war. Dann ernteten wir ihn sozusagen und legten ihn umgekehrt ans Mäuerchen am Keller vom Nachbarhaus vor der Staggl-Garage, damit auch die Unterseite trocknen konnte. Jetzt noch zwei, drei Tage, dann konnte das Experiment steigen.

Ich hatte mich durch zwei Dinge für dieses Experiment qualifiziert: Ich grauste mich vor nix außer vor Spinnen und ich hatte schon mal dem einen oder anderen dadurch imponiert, dass ich eine Scheibe Brot mit Erde drauf gegessen hatte – als besonderer Clou: Auf der Erde ringelte sich ein Regenwurm. Wie hatte ich die vor Staunen geweiteten Augen und die offenen Münder, leicht von Ekel gekräuselt, damals genossen! Das war eine meiner größeren Nummern gewesen, als ich vier, fünf Jahre alt war. Jetzt also war der Kuhfladen dran.

Als die große Stunde kam, wollte ich ein Stück von dem durchgetrockneten Fladen abbrechen, um da reinzubeißen. Der Seppl aber meinte, das sei dann nicht in Ordnung, ich müsse schon in den Fladen als Ganzes reinbeißen. Ich sehe den Kuihpladder noch ganz genau vor mir, diese grüne Bio-Pizza, die Almtorte, und wie ich dann dort hineinbiss. Wir hatten die Vermutung, dass der Fladen nach Holz schmecken müsse, ein bisschen zumindest, mit einer leichten Grasnote im Abgang, und genau das kann ich bestätigen. Die Konsistenz war die von Spinat, wenn er im Topf angetrocknet war. Heute würde ich eher sagen Grünkohl, aber damals kannte ich das noch nicht. Ich weiß noch, dass ich sogar ein paar Bissen davon gegessen habe, ohne dass es mich geekelt hätte, war ja trocken.

Abends hatte ich dann Fieber, gebrochen habe ich aber nicht. All das ging als Bulletin runter auf den Stegener Weg und wurde dort natürlich en détail diskutiert, ich hatte einen erheblichen Forschungsbeitrag geleistet!

Der Nabel geht also auf, so weit, so gut. Aber wenn nur die Frauen Babys bekommen können, warum haben dann

Männer auch einen Nabel? Sie bekommen ja keine Kinder, oder? Oder vielleicht doch? Im Notfall? Wenn grad keine Frauen da sind oder wenn ein Mann weit weg ist von seiner Frau?

Immer mehr aber lief das Ganze auf die große Frage hinaus: Wie kommen die Babys in den Bauch hinein? Darüber diskutierten wir in den Schulpausen ohne Ende. Wir ahnten, dass das das eigentliche Geheimnis war. Denn wirklich abartig war das ja nun auch nicht, wenn einer Frau der Bauch aufgeht, da konnten die Erwachsenen doch nicht so ein Gewese drum machen. Da musste noch was sein, aber was?

Der Alton brachte dann Licht ins Dunkel: »I woaß, wie's geaht, i hons gsegn!«, flüsterte er mir während des Unterrichts zu und ließ damit eine Bombe platzen, die gewaltig war.

Ich gab's weiter, rüber zum Buba: »Do Alton woaß, wie's geaht, er hots gsegn, noch do Schuile dozählt as ins.« Ich glaube, dieser wichtige Informationsaustausch war in einer Stunde mit der Nolli, der kleinen Italienischlehrerin, und wir Achtjährigen saßen da mit roten Ohren, heißen Köpfen und aufgeregtem Grummeln im Bauch.

Dann kam der große Moment: Schule war aus, fast alle hatten wir bis zum Hotel »Zur Post« denselben Nachhauseweg, der Alton und ich sogar bis fast zu uns nach Hause.

»Des isch aso«, hub er an, »do schteaht a Glasl afn Tisch, do muaß der Mann inischiffn, noah muass a sich von Seckl a so Frigilan oareibm, de kemm ins Glasl ini und noah muassis die Frau trinken und fertig. – Das ist so: da steht ein Glas auf dem Tisch, in das muss der Mann hineinpinkeln, dann muss er sich vom Penis Hautflocken abreiben, die kommen ins Glas rein und dann muss das die Frau trinken und fertig.«

Schlagartig war uns klar, warum da so ein Geheimnis drum gemacht wurde. Das war ja ekelhaft! Ein Glas mit Pipi trinken und dann auch noch Frigilan drin, grausig. Dass da keiner drüber spricht, kein Wunder.

So waren also die Fragen rund ums Kinderkriegen beantwortet. Und allen, die wir da standen, war klar, dass wir NIEMALS so etwas tun würden, mochten uns die Mädels darum bitten, wie sie wollten.

Das Thema war damit erledigt – bis zu einem Abendessen in Bozen im Antonianum im ersten Kurs. Ich saß, elf Jahre alt, neben dem Ambach aus der Parallelklasse, er war größer als wir alle, außerdem ein fantastischer Fußballspieler und galt deshalb als Autorität für alle Belange des Lebens. Während Pater Heinrich zwischen den Tischen patrouillierte, kam das Gespräch zwischen uns auf das Thema Männer, Frauen und wie geht das eigentlich alles. Ich fragte den Ambach, wie denn die Mädchen eigentlich da unten aussähen. Ich wüsste zwar schon, wie die Babys auf die Welt kommen, nämlich durch den Bauchnabel, und wie das geht, dass die Frauen überhaupt an Babys kommen, nämlich mit dem Glasl und den Frigilan, aber ich wüsste immer noch nicht Bescheid über die anatomischen Unterschiede.

Der Ambach schaute mich daraufhin völlig entgeistert an und fing an zu lachen. Dann erklärte er mir in seinem schleppenden Kalterer Dialekt, wie es wirklich ist:

»Woasch, die Weiber ham do unten an Schlitz«, und dabei stand er halb auf und fuhr mit der linken Hand vom Nabel runter, zwischen den Beinen durch bis halb in den Nacken hoch, »do schteckn die Mander in Seckl ini und so passierts und do kemmen a halbs Johr später die Poppelen ausser.«

»Was? Zwischen die Haxn?«, fragte ich entgeistert. »Genau. Zwischen die Haxn«, sagte der Ambach und stand immer noch halb.

Da mischte sich P. Heinrich ein: »Des oanzige, Ambach, wos zwischen die Haxn hingheart, isch der Schtuahl und af den setzsch du di iatz, aber a bissl plötzlich!«

Und der Ambach setzte sich, lachte noch ein bisschen verlegen und sprach nicht mehr davon.

War auch nicht mehr nötig, jetzt wusste ich ja wirklich alles.

Beethoven in Scherben

Wir waren kein wirklich musikalischer Haushalt in dem Sinn, dass die Eltern uns drei Kinder in ihre musikalische Welt mit einbezogen hätten. Sie spielten beide keine Instrumente, Papa hörte ganz gerne ab und zu Schallplatten, Mama sang im Chor im Spital mit den Schwestern und mir, das war's. Wir drei Jungs entdeckten und eroberten die Wunderwelt der Musik eher allein und unsere Eltern förderten das, indem sie sich sehr daran erfreuten.

In unserer Wohnung am Stegener Weg gab es bereits einen Plattenspieler – und Schellackplatten. Einmal, als wir beim Abendessen saßen, sagte Papa zu mir:

»Geah Konnele, holsch amal die Platte mit der Beethoven Sonate, woasch schon, die Pathétique, die neue, umma, de tat i gearn hearn«, und ich, drei Jahre alt, ging zum Schrank, in dem sich die Platten befanden. Schellackplatten waren schwerer als die späteren Vinyl-Platten, sie waren starr und unbiegsam und von braunen Packpapierhüllen geschützt, die sehr glatt waren. Ich griff nach der »Pathétique« – zu gerne wüsste ich heute, von wem die Aufnahme war! – und zog sie wohl ein bisschen zu schwungvoll aus dem Schrank. Jedenfalls flog die Platte in hohem Bogen aus der Papierhülle heraus auf den Boden und zerbrach in tausend Scherben. Ich sehe die weit geöffneten Augen meiner Mama vor mir und höre noch das Geräusch beim Zerschellen. Wie gelähmt stand ich vor den Scherben, ich wusste nix über Beethoven, ich wusste nur, dass das jetzt eine ziemliche Katastrophe war.

»Und aa no der neie Beethoven«, stöhnte die Mama, »die Pathétique!«, und wollte schon anfangen zu schimpfen, dem kam mein sanftmütiger Papa aber zuvor. Eine zerbrochene Schellackplatte konnte ihn einfach nicht aus der Ruhe bringen.

»Naa, loss lei, Mama, er kann ja nix dafür!«, war seine Absolution, mir aber hat sich da Beethoven in mein Leben eingebrannt und jedes Mal, wenn ich an die »Pathétique« denke oder sie höre, sehe ich mich vor dem Scherbenhaufen stehen, drei Jahre alt, in Bruneck in der Wohnung am Stegener Weg.

Vielleicht ist meine Liebe zur Musik Beethovens eine lebenslange Wiedergutmachung, die Liebe geht ja manchmal verschlungene Wege.

Mein Papa hatte einen angenehmen, aber nicht sehr komplexen Musikgeschmack. Er hörte den »Yorckschen Marsch« von Beethoven sonntags morgens genauso gerne wie ein »Brandenburgisches Konzert« von Bach – dessen Musik er übrigens gerne mit dem Satz kommentierte: »Der lasst net locker!« – oder auch Carl Maria von Weber. Einmal hat ihn sein bildungsbeflissener Freund Dr. Egger drangebekommen, als der die Gesamtaufnahme von Eugène d'Alberts Oper »Tiefland« anbrachte und Papa und Mama sich die Oper anhören mussten. Da hat er sicher ein bisschen gelitten, mein Herr Papa, d'Albert ist nicht gerade sehr ohrengängig, außerdem zieht sich diese Oper, selbst für eingefleischte Opernnarren.

Ansonsten bewunderte mein Papa Ivos Stimme, Hugos

Klavierspiel und sogar meinem Geigengekratze hat er was abgewinnen können.

Die Geige habe ich für mich beim Onkel Arthur entdeckt. Onkel Arthur war der Schwager meines Papas und in Welsberg Arzt. Einmal spielte er dort als Laiendarsteller den Kaiser Franz Josef im »Weißen Rössl am Wolfgangsee« und das war sensationell. Der kleine Saal, in dem die Operette damals aufgeführt wurde, war gerammelt voll und das Publikum schon vom Darsteller des Sigismund hingerissen. Der sah aus wie der letzte Haislrackler – Sickergrubenentleerer wäre wohl die richtige Übersetzung –, der aber bei seiner großen Arie »Was kann der Sigismund dafür, dass er so schön ist« mit angeixten Knien, an die er seine klobigen Hände hielt, von rechts nach links so geschmeidig über die Bühne schrubbte, dass der Moonwalk von Michael Jackson dagegen wie ein Holzschuhtanz wirkt. Wofür er auch Applaus auf offener Szene erhielt.

Als aber Onkel Arthur auf dem Balkon des Weißen Rössl als Kaiser Franz Josef erschien, war es um die Pustertaler geschehen: Ihnen stockte zunächst der Atem, so ähnlich war Onkel Arthur dem »richtigen« Kaiser Franz Josef, dann aber schossen ihnen die Tränen in die Augen. Nicht wenigen entfuhr ein Seufzen aus tiefster Brust: »Der Kaiser, naa, naa, der Kaiser!«, und Onkel Arthur genoss diese Wirkung bis in die Zehenspitzen. Unsere Familie war damals auch begeistert, so viel Talent hätten wir unserem Onkel in diesem Bereich gar nicht zugetraut – der ja auch schon ein Meister der Geige war.

Mit der Geige hatte es übrigens beim wundervollen Onkel Arthur eine ganz eigene Bewandtnis: Er setzte sie therapiebegleitend ein. Als Gemeindearzt von Dorf Tirol, der er jahrelang war, nahm er, wenn er zu Sterbenden gerufen wurde, immer seine Geige mit. Natürlich in bester Absicht – er wollte mit seinem Geigenspiel den Patienten das Hinübergehen verschönern. Sah er aber, dass noch Hoffnung bestand, spielte er natürlich nicht. Was dann für alle deshalb so toll war, weil zum einen damit klar war, dass Hoffnung bestand, zum anderen, weil Onkel Arthur nicht mehr der Geiger war, der er früher mal gewesen sein musste, er hatte immerhin die »Chaconne« von Bach gespielt. Wenn also Onkel Arthur ins Haus kam, hatten alle nur einen Wunsch, den aber inbrünstig: »Hoffentlich spielt er nicht!« Und immer wieder gab es einige Böswillige, die behaupteten, der Sterbende sei nur deshalb verblichen, weil ihm Onkel Arthurs Geigenspiel den Rest gegeben habe.

Nach der Aufführung vom »Weißen Rössl« saßen wir alle beim Onkel Arthur und der Tante Mia herum und ich verließ die Gesellschaft, um mich auf der kleinen Veranda ein bisschen umzuschauen und siehe da: Da lag die Geige vom Onkel in ihrem Geigenkasten. Ich nahm sie heraus und war ab da nicht mehr zu halten. Ich zupfte an den Saiten, entlockte ihr ein paar Töne, dann entdeckte ich den Bogen und versuchte, zu geigen, und schaffte es mit meinen sieben, acht Jahren auch tatsächlich, ein paar grade Töne zu spielen. Ich wusste in diesem Augenblick: Das ist mein Instrument!

Als ich mit elf Jahren nach Bozen ins Franziskanergymnasium kam, war klar, dass es jetzt mit der Geige endlich ernst werden sollte, ich kam ins Konservatorium zu dem etwas cholerischen Professor Zaniboni. Und da sollte ich, wenn ich schon im Konservatorium bin, auch gleich »solfeggio« machen. Solfeggio ist eine Art theoretischer Musikunterricht, bei dem man lernt, Noten trocken zu lesen: Man spricht die Note aus, immer in der kleinsten rhythmischen Einheit, auf die man das Beispiel reduzieren kann, weil nur so auch punktierte Noten etc. berücksichtigt werden können, die Hände machen dazu rhythmische Zeichen. Alles zusammen ein extrem komplexer Vorgang und ein wundervolles absurdes Schauspiel: Da sitzen dann zehn oder zwanzig Elfjährige in ihren Eselsbänken, lassen Hände und Arme rhythmisch durch die Luft tanzen und auf die Bank klopfen und stammeln dazu in strengem Rhythmus italienische Silben, die keinen Wortsinn ergeben. Hätte es damals schon Rap gegeben – wir wären begeistert gewesen.

Absurd war der Solfeggio-Unterricht auch wegen des Lehrers. Ich war in der Klasse von Professor Beretta, einer legendären Figur im Konservatorium. Bei uns Schülern hieß er nur »das Mützchen« – entsprechend der wörtlichen Übersetzung. Wörtlich übersetzen ist übrigens ein Sport, den nur nachvollziehen kann, wer in zweisprachigen Gebieten aufgewachsen ist, dort allerdings kann er, und bei uns Schülern war das so, zur Manie werden. Uns in Südtirol standen ja sogar drei Sprachen zur Verfügung, Deutsch, Italienisch und der Dialekt, also übersetzten wir wörtlich in die Kreuz und in die Quere, was das Zeug hielt. Bei Bruneck gibt es zum Beispiel das Dorf Dietenheim. Dietenheim spricht man im Dialekt etwa so aus: »Tiatnhoam«. Weiter gedreht aber heißt »tiatn« im Hochdeutschen »tut ihn« und »hoam« heißt »heim«, also »tut ihn heim«. Dieses wiederum heißt im Italienischen »portatelo a casa«. So nannten wir schlussendlich Dietenheim und die Erwachsenen verstanden nur noch Bahnhof!

Professor Beretta, »das Mützchen« also, war klein, etwas verwachsen und sehr streng, Generationen von Musikschülern haben unter seinem Augenfehler gelitten. Er saß schon da, wenn wir in die Klasse stürmten, und hatte immer seinen kleinen Bleistift mit Metallkappe in der Hand.

Vermutlich war er schon damit auf die Welt gekommen, so sehr schienen die beiden zusammenzugehören. Beretta hatte nicht nur einen charmanten Silberblick, nein, er hatte die linke Pupille an der Nasenwurzel und die rechte zwischen Mitte und Nasenwurzel, für einen Lehrer die absolut perfekte Tarnung. Man hatte einfach keine Ahnung, wohin er schaute, fühlte sich also immer von ihm beobachtet. Also machte man im Unterricht mit, weil das die einzige Chance war, sich keinen Ärger einzuhandeln.

An dieser Stelle kam der Bleistift ins Spiel: Weil Beretta wusste, dass er schielte, und weil er wusste, dass keiner wusste, wohin er wirklich schaute, gab es ein Problem, wenn er gezielt einen Schüler ansprechen wollte. Wie konnte er deutlich machen, wen er meinte? Der Bleistift, la matita, half: Wenn er einen aufrief, schaute er weiter so wie immer, zeigte aber mit der Metallkappe des Bleistiftes auf den Schüler, den er meinte – wieso er das bei so einem Sehfehler überhaupt so genau konnte, blieb sein Geheimnis. Dabei keuchte er lautstark vor sich hin, es war wohl sehr anstrengend, irgendwohin zu schauen und woandershin zu zeigen. Dazu kam, dass das Mützchen mit den deutschen Namen große Probleme hatte, wie fast jeder Italiener in Südtirol – Namen wie »Tschurtschenthaler« oder »Mutschlechner« haben die Italiener zur Verzweiflung getrieben. »Tsakurazenataler« oder »Mutasakelekaner« wurde häufig daraus. Auch mein Nachname war nicht eben einfach für belcantoverwöhnte Artikulationswerkzeuge.

Das Mützchen wollte mich also aufrufen: Er hielt den Kopf stur geradeaus in die Klasse gerichtet, hob den Bleistift, drehte ihn und zeigte dann mit der Metallkappe in meine Richtung und ächzte: »Ech, ech, Bei – krikk, ripeti! – Beikircher, wiederhole!«, wobei er das »ei« nicht wie

»ai« aussprach, sondern wie ein geschlossenes »e« und ein »i«, es war wundervoll.

Drei Jahre hab ich Professore Beretta genossen und viel gelernt. Meine Liebe zu absurden Geschichten, absurdem Theater und dem Absurden hier, im rheinischen Universum, muss aus seinem Solfeggio-Kurs kommen.

Professor Zaniboni war ich wohl zu faul und so wechselte ich noch im ersten Jahr zu Frau Professor Fontana, einer Stargeigerin der Zwanzigerjahre in Norditalien. Sie unterrichtete mich bei sich zu Hause, weil sie etwas gehbehindert war und deshalb nicht mehr ins Konservatorium gehen musste. Die Fontana hatte einen Hund, Sila. Eine Boxerhündin mit zwei Handicaps: Sie war alt und sie mochte mich, was bedeutete, dass sie mich in jeder Stunde auf sehr unangenehme Weise vollsabbelte. Außerdem legte sie sich bereits zu Beginn der Stunde direkt vor meine Füße und fing an zu furzen. Sie furzte dann ständig, das lag an ihrem Alter und war ihr zweites Handicap. Von der Fontana war da keine Hilfe zu erwarten, denn sie war so daran gewöhnt, dass sie diese Leibwinde nicht mehr roch. Sie hätte sich sowieso nie von ihrer Sila getrennt und sie während der Stunde in ein anderes Zimmer eingesperrt. Da war also nix zu machen.

Immer, wenn staccato kam, also kurze, abgehackte Bogenstriche, sprang Sila auf, bellte kurz und schleckte mich ab. Ich glaube, sie wollte damit erreichen, dass ich mit diesen quälenden Tönen aufhörte, und zwar sofort. Im Winter ging's noch, da hatte ich lange Hosen an. Im Frühjahr aber kam ich oft mit der Trainingshose, weil ich direkt vom Sport zur Fontana ging und da war es dann ganz grausig: Sila sprang an mir hoch, die Trainingshose rutschte runter und der Hund sabbelte mir die Schenkel voll. Die

Fontana schrie dann dazwischen »Sila! Sila!«, was auf Deutsch die Noten »h« und »a« meint. Das brachte mich immer zum Lachen und oft ergänzte ich »Sol fa mi re do«, um wieder zum Grundton »do«, also »c«, zurückzukommen.

Wenn es ganz übel wurde, ging die Fontana mit dem Bogen dazwischen. Den hatte sie immer in der Hand, die ganze Stunde über. Sie stand stets hinter mir und bei jedem falschen Ton, bei jedem Kratzer briet sie mir mit dem Bogen eins über, mal zärtlich auf den Kopf, wenn ich etwas gut gemacht hatte, mal kräftig auf den Rücken. Und manchmal war eben auch die Sila dran, die den Bogen sehr fürchtete und sich dann winselnd vor mich legte, wahrscheinlich, weil das der Ort war, an dem sie sich einigermaßen geschützt wähnte. Bis heute habe ich ein ausgesprochen distanziertes Verhältnis zu Boxerhunden, vornehmlich, wenn sie älter sind.

Am schönsten waren die Stunden, wenn die Fontana den Geigenbogen zur Seite legte und mir die Fotos aus ihrer großen Zeit zeigte. Sie dachte, das wäre eine Erholung und Belohnung, das war es auch für mich, nur nicht, wie sie dachte, wegen der Fotos, sondern weil sie in der Zeit den Bogen weglegte. Es gab sogar ein Bild von ihr mit Toscanini. Zwar nicht beim gemeinsamen Konzertieren, ich weiß nicht, ob sie das jemals getan hatte, vielmehr beim Nebeneinanderstehen. Vermutlich hatte die Fontana im Flur eines Konzerthauses gestanden, als er vorbeikam, dann schnell die Geige ausgepackt und ihn gebeten, sich mit ihm ablichten lassen zu dürfen.

Da ich gute Fortschritte machte, war damit schnell das Ende der Ära Fontana erreicht, ich musste erneut wechseln, wenn ich weiterkommen wollte.

Professor Leo Petroni, Jahrgang 1903, hatte eine internationale Karriere hinter sich, als ich zu ihm kam, er war einmal einer der Großen gewesen und hatte die Welt gesehen, ich war begeistert. Er wohnte mit seiner Frau Thilde, einer gebürtigen deutschsprachigen Boznerin, eine geborene Foradori, gegenüber vom Bahnhof. Schon in der ersten Stunde zeigte er mir seine Geige, eine Guarneri del Gesù, und ließ mich darauf spielen. Oft habe ich in den Jahren, die ich Unterricht bei Petroni hatte, auf ihr gespielt und jedes Mal ging der Himmel auf, so einen außergewöhnlichen Klang hatte dieses wundervolle Instrument.

Das war aber nicht das Entscheidende an dem Unterricht bei Petroni. Das Entscheidende war seine unbedingte Liebe zur Musik und seine Begeisterungsfähigkeit. In den trockensten Fingerübungen hielt er plötzlich meinen Arm fest und sagte:

»Stell dir vor, ein Dutzend Geiger, ach was, ein ganzes Orchester würde nichts anderes spielen als diese kleine Fingerübung, ganz leise, dann immer lauter und lauter, und plötzlich wird aus dieser Fingerübung eine Sinfonie, eine Hymne an die Technik des Geigenspiels, ein Lichtgesang an das Instrument, wäre das nicht großartig?«

Und er erzählte mit leuchtenden Augen, dass seine Thilde Gedichte schreibe, dass sie den ganzen Brockhaus gelesen habe, Seite für Seite, so einen enzyklopädischen Bildungshunger habe sie, und nicht genug damit habe sie ihm den Großteil übersetzt, an langen Abenden in dieser Wohnung, die nicht schön war, die laut war und in der bei jedem Zug, der vorbeifuhr, die Scheiben klirrten – wie entsetzlich für einen Menschen mit einem solchen Gehör –, und die den beiden am Abend eines langen gemeinsamen Lebens dennoch das Paradies war, weil sie es sich waren. Thilde saß immer im Nebenzimmer und las, wenn ich zur

Stunde kam, zur Stunde, die fünfundvierzig Minuten dauern sollte und oft drei, vier Stunden hinging, aber sich nie zog, so spannend und intensiv war sie. Und wenn wir wieder einmal Bach, das Konzert für zwei Violinen, spielten, öffnete sie ein bisschen die Tür und sang leise mit.

Bei der Teufelstriller-Sonate vom unverwüstlichen Tartini machte Petroni die Vorhänge zu, damit es im Raum düster wurde und ich in die Stimmung kam, die die Sonate, wie er sagte, brauchte, um leuchten zu können. So, wie er den Triller spielte, spürte ich plötzlich, was er meinte, und dann spielte er weiter und ich stand neben ihm, die Geige am Hals und hörte nur noch zu, so schön war es.

Steif stand er da, mit durchgedrücktem Rücken, was übrigens das Erste war, was er mir beibrachte: Mit gekrümmtem Rücken kann man vielleicht Posaune spielen oder Tuba, aber niemals Violine. Senti, Corrado: MAI – Hör zu, Konrad: NIEMALS! Sie braucht die Säule von der Fußsohle bis ins Holz, dann wird es – vielleicht – was.

»Und was ist mit Paganini?«, wagte ich an der Stelle einzuwerfen, »er hat die Geige vorne auf der Brust gehalten und mit gekrümmtem Rücken gespielt.«

»Non parlarmi di Paganini: era un dio e un diavolo nello stesso momento – reden wir nicht über Paganini, er war Gott und Teufel im selben Moment. Aber jede Note von Beethoven ist mehr wert als alles, was Paganini je geschrieben hat.«

Petroni hat sich nie von Manieriertheiten blenden lassen er hat sein Auge stets auf das Wesentliche in einer Komposition gerichtet und war auch deshalb nie Virtuose, obwohl er als solcher hätte gelten können, seine Technik war superb. Er wurde in Bozen von seinen geigerischen Gegnern etwas spöttisch »il cantore del violino« genannt, der Sänger auf der Geige, und das wollte man in der Zeit damals nicht haben. In Bozen regierte geigerisch Giannino Carpi, Exponent der virtuosen, ein bisschen reißerischen Musik, da stand ich mit meinem Leo Petroni und meiner Bewunderung für ihn allein auf weiter Flur, was mir aber egal war, weil ich so dachte wie er.

Er hatte einen Ton, der einen umarmte und festhielt, ich habe so einen unglaublich intensiven, warmen, großen Ton nur ganz selten gehört und ich denke immer an ihn, wenn ich den ähnlich großen Ton von Frank Peter Zimmermann höre, oder den von Isabelle Faust. Dass Musik meine Seele so ausfüllt, wie sie es tut, verdanke ich meinen beiden Brüdern und Leo Petroni, dem wunderbarsten Musikpädagogen, den ich kenne.

Neben der Klassik offenbarte sich mir aber nach und nach noch eine andere Welt in der Musik: Mit neun oder zehn Jahren merkte ich, dass die Geige zwar schön ist, dass sie aber nicht wirklich die via regia in die Herzen der Mädchen ist. Das Erlernen dieses Instruments dauert einfach zu lang und bis da mal Töne rauskommen, die ein Mädchenherz zum Schmelzen bringen, zieht sich das.

Da schien mir die Gitarre Erfolg versprechender zu sein. Heimlich, weil ich nicht wusste, ob meine Eltern das billigen würden, brachte ich mir die ersten Gitarrengriffe auf der Wanderlaute mit den schönen bunten Bändern, die bei uns herumhing, bei. Das war ein Nachmittag, und schon konnte ich ein paar Dutzend Rock-'n'-Roll-Titel spielen. Und weil das Gitarrespielen so einen Spaß machte, baute ich das Ganze aus und hatte mit zwölf eine beachtliche Fingerfertigkeit und ein nettes Repertoire. Meine ersten Auftritte hatte ich vor den »Zöglingen« im Antonianum im Fasching: auf der Bühne für die Faschingstheaterabende im Spielsaal der Kleinen.

Und dann kam der Sommer 1958. Ich war zwölfeinhalb, war gerade im Stimmbruch und heimlicher Rock-’n’-Roll-Star, wenn auch noch unentdeckt, aber für mich war ich bereits der Größte. Wir waren wieder einmal für ein paar Tage in München, als morgens beim Frühstück im Hotel »Drei Löwen« meine Mama sagte:

»Konnele, iatz muasch lei mitgiahn, du muasch mir a bissl helfen«, und mit mir bald darauf Richtung Stachus schlenderte. Dort ging's Richtung Obletter, dem damals größten Spielwarenladen der Welt, und ein Gefühl von Beleidigtsein begann mich zu durchströmen. Wenn mich die Mama jetzt zum Obletter bringt, um mir ein Spielzeug zu kaufen, dann ist aber was los: Ich bin im Stimmbruch, ich bin groß, ich bin dem allem entwachsen, klar?!

Sie ging aber am Obletter vorbei in die Sonnenstraße zum Lindberg. Lindberg! Damals der schärfste Musik- und Instrumentenladen der südlichen Hemisphäre, der Hammer schlechthin, was wollte sie denn da? Vielleicht was für Hugo oder Ivo kaufen und ich sollte ihr dabei zur Seite stehen, mal sehen.

Wir gingen in den Laden hinein und Mama steuerte zielstrebig auf ein Wesen zu, mehr breit wie hoch, das unbeweglich hinter dem Ladentisch stand, ob Junge oder Mädchen war nicht zu erkennen. »Entschuldigen S', Fräulein, haben S' an Moment Zeit, wir kommen nämlich aus Südtirol.«

Was, zum Geier, hat das, egal was wir wollen, denn damit zu tun, dass wir aus Südtirol kommen, fragte ich mich und was wollen wir hier überhaupt?

Der Würfel bewegte sich nicht.

»Das ist nämlich unser Jüngster, der Konni und der singt so nett und da haben wir uns gedacht, vielleicht könnt amal a Schlagersänger aus ihm werden.«

Alle Sicherungen brannten durch: ein SCHLAGERSÄN-

GER? Das Letzte! Ich spiele, bitte schön, Gitarre und zwar nicht schlecht, ich bin, bitte schön, im Stimmbruch und habe jetzt schon eine Celentano-Röhre, ich singe, bitte schön, Blues und authentischen Rock 'n' Roll, niemals würde ein Schlager über meine Lippen kommen, was denken sich denn meine Eltern dabei, mich so zu nennen?

Der Würfel bewegte sich nicht.

»Und deshalb hammer uns gedacht, dass es vielleicht ganz gut wär, wenn mir dem Konni eine Gitarre schenken. Ham S' so was da?«

Wie bitte? MIR? Eine Gitarre schenken? Hier beim Lindberg?

Der Würfel schien Luft zu holen und sagte dann mit einer leichten Drehung nach links: »Ja – wenn S' amoi-schaunmeng«, und fiel wieder in die Leichenstarre.

Und da hingen sie, die Gitarren. Gefühlte zwei Millionen pro Reihe, die heißesten Geräte der Welt und ICH DURFTE MIR EINE AUSSUCHEN! Sie hätte mich ab da nennen können, wie sie wollte, meine Mama, ich hätte ihr alles erlaubt. Ich war so hin und weg, dass ich gar nicht darüber nachdachte, woher meine Eltern überhaupt wussten, dass ich Gitarre spielte.

Ich suchte mir eine Hoyer-Gitarre aus, Arnold Hoyer, Schlaggitarre mit wahnsinnig dickem Bauch, ganz helle Fichte, ein sagenhaftes Gerät. Das Glücksgefühl, das mich ausfüllte, war ein doppeltes: Erstens hatte ich die Traumgitarre in Händen und zweitens war das DIE Anerkennung dafür, dass der kleine Konni sich ganz alleine etwas aufgebaut hatte, das den Eltern gefiel.

Zum Glück war mein Geschmack damals schon so gesattelt, dass ihnen eine Schlagerkarriere ihres Jüngsten erspart blieb. Beethoven war mir dann alles in allem doch noch näher.

Die Brunecker Adria

Wer im Sommer nicht in der Schwimmschuile war, war an der Ahr – vorausgesetzt man hatte zumindest ein Fahrrad, oder, besser, eine Lambretta oder eine Vespa. Zu Fuß war es von Bruneck aus zu weit dorthin und Busse hielten da auch nicht. Der Ahrstrand war also was für arrivierteres Publikum.

Unser Ahrstrand befand sich in St. Georgen, das ist Richtung Sand in Taufers der nächste Ort, mit dem Rad strampelte man an der Abzweigung nach Aufhofen vorbei, dann ging es eine kurze Schussfahrt lang die Böschung runter, bremsen, über die Brücke, am Ende der Brücke direkt links die Böschung runter und dann war man da. Jetzt noch ein paar Meter über das feste Gras, da waren schon die ersten Bäumchen, Rad hingelegt, umgezogen und ready für den Strand.

Der hier wirklich einer war, weil von der Ahr immer Sand angeschwemmt wurde, Flins. Dieser Flinssand war ganz, ganz fein, ohne matschig zu sein, eher fest als sandig, dergestalt, dass man darauf extrem komfortabel liegen, gehen oder laufen konnte. Man musste zwar immer ein Auge auf die Disteln haben, da gab es welche, die wirklich gemein piksen konnten, aber ansonsten war es ein Paradies – für uns Kinder, aber auch für die Ahr-Casanovas.

Die hatten meist schon einen Job, waren zwischen sechzehn und zwanzig, hatten aber noch kein Mädchen an ihrer Seite und Zeit genug, um in der Mittagspause anderthalb Stunden an der Ahr entweder zu chillen oder zu flirten. Wegen des Schwimmens kamen die nämlich bestimmt nicht hierher: Die Ahr kam von den Gletschern im Ahrntal und war einfach saukalt, aber so was von kalt, dass sie nicht in Würfeln daherkam, war schon alles. Wer in der Ahr schwamm, war entweder unter zehn, da ist man nicht so kälteempfindlich, oder er musste irgendeiner kapriziösen Schönen beweisen, dass er Mut, guten Atem und kräftige Arme, die man bei der Strömung brauchte, hatte – Voraussetzungen für näheres Interesse, weil Beweis für gutes Zuchtpotenzial.

Wir Kinder spielten Fußball in der Aue, schwammen ein bisschen und beobachteten, wie das geht, Mädchen anmachen.

Mein Bruder Hugo, unser großer Spieleerfinder, führte irgendwann einmal das Bogenschießen in den Ahrauen ein: Aus dickeren Weidenästen war schnell ein Bogen gemacht, der wurde oben und unten eingekerbt, Kordel gespannt, fertig. Und aus dünneren Weidenästen wurden Pfeile geschnitzt. Dabei trat allerdings ein Problem auf: Man brauchte eine Spitze, damit der Pfeil im anvisierten Ziel stecken blieb, andererseits wollte keiner, dass jemand sich verletzte, falls der Pfeil unvorhergesehenerweise einmal jemanden traf. Was konnten wir tun? Am besten mal in der Werkstatt vom E-Werk schauen. Die Werkstatt vom E-Werk war in der Stadtgasse, der Leiter der Werkstatt war der Toller, ein herzensguter Mensch, der uns Beikircher-Jungs natürlich bestens kannte. In der Werkstatt gab es Isolierband en masse, damit ließen sich die Pfeilspitzen umkleben. Nun war beim Organisieren von schwarzem Isolierband eines klar: Man brauchte viel. Und, man musste es klauen, denn einfach so würde man es nicht bekommen. Deshalb musste aus der Gruppe der angehenden Bogenschützen schnell einer ins E-Werk fahren, der sowohl über einen soliden Leumund als auch über große unschuldige Augen verfügte, damit das klappte.

Mein Bruder Hugo hatte beides, also fuhr er mutig von den Ahrauen aus mit dem Fahrrad ins E-Werk. Er hatte allerdings einen derart guten Leumund und so große unschuldige Augen, dass er nicht mal zu klauen brauchte. Er bekam das Zeug einfach so! Sensationell. Wir wurden alle mit Isolierband versorgt, und mit den entschärften Pfeilen ging es endlich ans Bogenschießen in den Auen.

Einmal durfte ich unten an der Ahr im Auftrag meines anderen Bruders Ivo und seiner Kumpel den Kurier spielen.

»Iatz geasch amol umi zu der Kloan do hintn und soggscha, wenn sie a win zi ins kemmat, tatn mir sie et wegschickn – jetzt gehst du mal rüber zu der Kleinen da hinten und sagst ihr, wenn sie ein bisschen zu uns käme, würden wir sie nicht wegschicken.«

Als ich vor der Schönen stand, die sich auf ihrem Badetuch räkelte und gerade dabei war, sich einen Überblick darüber zu verschaffen, was der Ahrstrand an jungen Männern so zu bieten hatte, und das Verslein aufsagte, stellte sich heraus, dass sie Italienerin war. Also änderte ich meine Strategie sofort und sagte zu ihr:

»Buon giorno signorina, vede quel ragazzo grande lì in fondo? È mio fratello che non solo gioca tennis come un campione ma ha anche una voce bellissima. Gli altri intorno a lui sono degli amici. Se vuol venire con me vedrà che Le canterà una bella canzone, vuole? – Guten Tag, mein Fräulein, sehen Sie den großen jungen Mann da hinten? Das ist mein Bruder. Der spielt nicht nur Tennis wie ein

Weltmeister, der hat auch eine sehr schöne Stimme. Die andern da sind seine Freunde. Wenn Sie mit mir kommen, werden Sie sehen, dass er Ihnen ein schönes Lied vorsingt, wollen Sie?«

Welche junge Frau am Ahrstrand wäre da nicht aufgestanden und einer zehnjährigen Rotznase gefolgt?

Mein Bruder und seine Clique standen seitdem auf jeden Fall tief bei mir in der Kreide!

Q gleich Delta U minus A

Mein Papa gehörte zu den Männern, die nur zwei Arten von Geschenken für ihre Frauen kennen. Schmuck oder »eppas für den Haushalt«. Und wenn es »eppas für den Haushalt« war, musste es »etwas Vernünftiges« sein, nicht eines dieser Sonderangebote, von denen sich die klassische Hausfrau so gerne immer wieder verführen ließ.

August 1957. Mamas Geburtstag. Das Geschenk stand in einem Karton – was man in Südtirol übrigens nicht etwa »Kartóng« ausspricht, oder, noch rheinischer »Kachtónng«, sondern »Kartón«, mit geschlossenem, langem O – auf dem Tisch: etwas Vernünftiges für den Haushalt. Und es trug einen Namen: Kelomat. Ein Dampfdrucktopf. Made in Austria. Heute eine Selbstverständlichkeit, damals eine Sensation.

Da dieser Topf eben mit Dampf funktionierte, der unter hohem Druck die Speisen garen sollte, und da eindrucksvolle Überdruckventile den Deckel des Kelomaten zierten, war Papa als Techniker gefordert. Er versuchte, Mama zu erklären, dass der Kelomat auf der Basis des ersten Hauptsatzes der Thermodynamik funktioniere, dass also Q gleich Delta U minus A sei, was bedeute, dass die von einem geschlossenen System wie dem Kelomaten aufgenommene Wärmemenge gleich der Vergrößerung der inneren Energie des Systems minus der vom System nach außen abgegebenen Arbeit sei, wobei der Druck den Gesetzen von Boyle-Mariotte folge.

»Und was heißt das?«, erkundigte sich Mama.

»Dass sich in dem Topf eine Dichtung und ein Ventil befindet und dir nichts passieren kann, das heißt das«, entgegnete Papa nachsichtig.

Eingeschüchtert vom Q gleich Delta U minus A ließ Mama den Kelomaten ein paar Wochen unbenutzt stehen.

Bis Minestrone auf dem Speiseplan stand. Was war das bis dahin immer für eine Kocherei gewesen! Damit sollte jetzt Schluss sein. Der Kelomat versprach, in zehn Minuten eine Minestrone hinzuzaubern, die jeder Hausfrau zur Ehre gereicht hätte.

Mama hat sich in der Küche eingeschlossen. Mama schnippelt Gemüse. Mama gibt das Gemüse in den Kelomat, schüttet etwas Wasser hinterher, schließt den Topf und setzt ihn auf den Herd. Mama geht durch die Hintertür in der Küche in den Garten, es fehlt noch Porree.

Mein Bruder Hugo und ich spielen im Flur vor der Küche mit den Klickern. In der Küche pfeift es. In der Küche pfeift immer irgendetwas. Wir spielen weiter. Das Pfeifen lässt nicht nach. Es hört sich leicht atonal, aber interessant an. Der Melodiebogen klettert über das hohe C hinaus. Hämmernde Achtel unterbrechen ihn und geben dem Ganzen eine überzeugende rhythmische Verve. Wir hören auf zu spielen. Das Pfeifen hat sich jetzt gleichbleibend auf das dreigestrichene Fis eingependelt.

»Ob das das Delta U ist?«, frage ich mich und versuche, durch das Schlüsselloch zu schauen.

Da geht es auch schon los. Papa und einer seiner Mitarbeiter stürmen alarmiert vom Delta U aus dem Büro im ersten Stock in den Flur und wollen in die Küche. Die Tür ist abgeschlossen. Wir alle laufen in den Garten, um von da in die Küche zu kommen. Dort steht Mama vor der Hintertür, die in die Küche führt, und ringt verzweifelt die Hände:

»Explodiert! Der Topf ist explodiert!«, ruft sie mit sich überschlagender Stimme, in der aber auch ein gewisser Triumph liegt, als hätte sich ihre Skepsis bestätigt. Es gibt keinen Zweifel, Delta U hin oder her, sie hat immer schon gesagt, dass das nicht gut gehen könne. Und jetzt? Bitte, schaut selbst!

»Jetzt lass halt amol schaugn!«, sagt Papa energisch, schiebt die Mama zur Seite und reißt die Tür auf, um sie ebenfalls sofort wieder zuzuschlagen.

»Weg da!«, herrscht er uns an, dann bückt er sich und öffnet, diesmal allerdings mit gebührender Vorsicht, die Küchentür erneut und schiebt mit einer kühnen Handbewegung den Topf vom Herd.

Da sehen wir die Bescherung. Der Teufelskessel hat die Minestrone durch das Überdruckventil in der ganzen Küche versprüht und zwar in einem scharf begrenzten Streifen von etwa zwanzig Zentimeter Breite.

Dieser Streifen grün-gelblicher Minestrone auf der Wand wäre ja noch zu verschmerzen gewesen. Ein Kilo Farbe und der Fall hat sich. Nicht zu verschmerzen waren die Wellensittiche. Mit einem Paar hatte es angefangen: ein kleiner Käfig, zwei schnäbelnde Turtelzauberer, die jeden mit ihrem Charme bezirzten, am meisten meine Mama. Sie liebte sie, Kolbenhirse gehörte zum täglichen Programm und wehe, es war mal keine da. Die Liebe der beiden hatte Folgen: Aus zweien wurden viere, aus vieren wurden schließlich vierundzwanzig Wellensittiche, die in einem großen Käfig in der Küche ihr Paradies hatten.

Als der Kelomat die Dampfsuppe an die Wand sprühte, saßen die dummen Viecher gerade alle auf zwei Stängchen einander gegenüber, tschilpten, was der Schnabel hergab, und achteten offenbar nicht auf den Kelomat. Und der pfiff mit seinen dreihundert Grad die armen Sittiche dermaßen vom Käfiggestänge, dass keiner überlebte. Kein Wetzstein, keine Kolbenhirse, keine Jod-S-11-Körnchen konnten sie wieder ins Leben zurückbringen. Es war furchtbar.

Da habe ich das erste Mal begriffen, dass auch Formeln Wirklichkeit werden können. Das war aber auch das Ende von »made in Austria« in unserem Haushalt.

Hugo rief schließlich vom Klavier im Musikzimmer herüber: »Es war tatsächlich das dreigestrichene Fis!«

Ich werde Bozner

Im Sommer, bevor ich nach Bozen ins Antonianum kam, saß meine Mama vor Bergen von Wäsche, in die sie kleine Nummern einnähte: »48« für meinen Bruder Hugo, »24« für mich. Jedes Hemd, jede Unterhose, jede Socke, alles war mit dieser Nummer gekennzeichnet und ich war sehr stolz darauf, jetzt endlich auch eine Nummer zu haben, auch wenn sie nur halb so groß war wie die meines Bruders. Und ich war auch ein wenig froh, endlich von daheim wegzukommen, weil ich als Jüngster, seit beide Brüder in Brixen und Bozen die Schule besuchten, alleine zu Hause war und natürlich mehr meiner Mama zur Hand gehen musste als vorher.

Da waren zum Beispiel die Abende, an denen ich meiner Mama die Wolle halten musste, damit sie Knäuel wickeln konnte, aus denen sie unglaubliche Pullover strickte. Das war sehr anstrengend, denn man musste die Strähnen, in denen die Wolle konfektioniert war, in einer leichten Spannung halten, damit sich die Wolle nicht zu leicht vom Arm löste, aber auch nicht zu straff, sonst wurde das Knäuel zu dicht. Es war eine Frage von Musikalität. Wenn Mama im richtigen Rhythmus den Faden von links nach rechts und wieder zurück über meine Arme zog und in ihr Knäuel laufen ließ und ich dem durch bestimmte Arm- und Hüftbewegungen entgegenkam – das war auch Mathematik, denn die Figur, die ich mit den Armen beschreiben musste, war das Zeichen für »unendlich«, die liegende Acht –, wurde daraus ein Tanz, der richtig Laune machte. So saß sie im Wohnzimmer vor dem Kachelofen vom Kuntner mit den wunderbaren grünen Kacheln mit den Tierkreiszeichen drauf, von Mama selbst entworfen. Und ich stand vor ihr, steckte die Arme durch die Wollsträhnen und dann fingen wir an zu tanzen.

Dabei schaute meine Mama gerne in ihre Strickpartituren, schmale Hefte der damals weltberühmten Schaffhauser Wolle aus der Schweiz, in denen Strickanleitungen abgedruckt waren: faszinierende Zeilen voller Zahlen, Buchstaben, Abkürzungen, Grafiken mit geheimnisvollen Mustern und Wörtern, die sich mir vor allem deshalb eingeprägt haben, weil ich sie nicht verstand, sie kamen mir vor wie Noten einer ungehörten Musik. Maschen auffassen, abketten, anschlagen, ab Reihe sechsunddreißig vierfädig arbeiten, abheben, abnehmen. Und auch wenn ich den Zusammenhang mit den fertigen Produkten aus dem Nadelspiel meiner Mama nicht herstellen konnte, ließ ich mich als Knirps schon gerne in den Meisterwerken meiner Mama bewundern.

Es gibt aus meiner Kindheit ein Foto, auf dem ich einen ihrer Pullover mit einem Zug drauf trage, an den erinnere ich mich ganz genau. Und auch daran, dass die Strümpfe, die ich dazu tragen musste, mit einem Gummiband am Bein der Unterhose befestigt waren. Ich habe diese Strümpfe gehasst wie weniges in meiner Kindheit, weil die Wolle so kratzte, weil das Gummiband so eine unangenehme Spannung bei den Strümpfen erzeugte und weil der Faden, mit dem der Knopf, der das Gummiband hielt, an der Unterhose festgenäht war, ständig am Schenkel scheuerte.

Ich hatte also beim Waibl – »Schtiagele oi« oder »Schtiagele aui« weiß ich nicht mehr, also Treppchen runter oder Treppchen rauf – ein schmales Stoffröllchen gekauft, bestehend aus grad mal ein-mal-ein-Zentimeter-großen Quadraten mit der Nummer »24« drauf, und meine Mama schnitt nun jeweils die Quadrate ab und nähte sie auf die Wäscheteile. Ich beobachtete sie bei dieser mühseligen Arbeit und dachte mir, dass das Antonianum wirklich etwas Tolles sein müsse, wenn man da jede Unterhose, jedes Paar Socken, jedes Hemd und jedes Unterhemd so markieren musste. Und überhaupt, eine so gute Schule wie das Franziskanergymnasium in Bozen gab es in Bruneck ja gar nicht, und von allen Schülerwohnheimen war das Antonianum nach Meinung meiner Mama das Beste. Kurz: Hatte schon etwas, da hinzudürfen und obendrein auch noch nach Bozen, DER Großstadt überhaupt!

Zusammen mit meinem Bruder Hugo kam ich nun am Sonntag, den 30. September 1957 dorthin. Ein Sprung ins Büro vom P. Ernst, der das Antonianum leitete und den meine Mama über alles schätzte, noch ein paar Sätze wie »Und tu in die Pater schian folgen, Konnele, gell, und schian fleißig sein und wenn eppas isch, fragsch in Hugo, gell!« und über den Kopf streicheln und dann waren wir allein: der Hugo und ich.

Da Hugo ja schon ein paar Schuljahre da war, hatte er mir bei unserer Ankunft nur kurz gezeigt, wo die Schuhe hinkamen, die Kleider und die Wäsche, und hielt sich dann aber schon recht bald an seine Freunde, gefühlte hundert Jahre älter als ich. Als Großer gab man sich mit den Kleinen nur ab, wenn es unbedingt nötig war. Ansonsten blieb man unter sich.

Neugierig fegte ich zunächst im Haus auf und ab, schaute mir alles an und kam gar nicht auf die Idee, meine Mama und meinen Papa zu vermissen, so viel gab es da zu entdecken – die Tränen kamen erst Wochen später, wenn ich in der Mittagspause Geige üben sollte und auf dem Klo saß, zum Fenster rausschaute und eine Sehnsucht in mir spürte, die mir das Herz zerriss: Ich wollte weg, nach Hause, in die Welt, egal, einfach ganz weit weg, jetzt, und mein Papa sollte mitkommen.

Antonianum! Glatte Terrazzoböden überall und ein Riesentreppenhaus, in dem man mit den obligatorischen Filzpantoffeln Rennen veranstalten konnte: fünf Stockwerke in knapp einer Minute runterbrettern, was nur am Samstagnachmittag nach dem Duschen – einmal die Woche reichte für pickelige Pubertierende im Schulwohnheim, in dem nur Jungs und Männer waren – ging, weil da die Patres zu tun hatten und einen deshalb nicht erwischen konnten. Ein Studiersaal mit achtzig Plätzen und jeder hatte ein eigenes Pult mit Deckel, in dem die Bücher und Hefte Platz hatten, ein Staufach in Sitzhöhe und einen Nachbarn, mit dem man das Staufach teilen musste!

Ein Schlafsaal für die Kleinen mit achtundvierzig Betten, ein zweiter für die Mittleren und im fünften Stock der Schlafsaal für die Großen! Vor diesem Schlafsaal für die Großen waren rechts und links im Flur die Kleiderschränke für alle: strenge schmale Klapperschränke für die Hosen, einen Anzug, eine Jacke. Jeans, die nicht auf dem Klemmbügel hätten hängen müssen, gab es damals noch nicht. Obendrauf war der Koffer.

Man musste immer leise gehen, denn die Großen duldeten keinen Lärm: EIN lautes Wort und der Zeller Paul, vor dem wir alle eine panische Angst hatten, pfiff uns an. Er saß im Studiersaal hinten in der letzten Bank und alle hatten das Gefühl, dass er genau wusste, was jeder von uns tat, und dass er alles in die Liste der Ohrfeigen, die er uns ver passen würde, eintrug. Dass er uns dann doch nie Ohrfeigen verpasste, änderte an unserer Angst vor ihm nichts: Es war unser Verdienst, weil wir ihn offensichtlich nicht gereizt hatten. Socken, Hemden, Unterhosen und »Leibilan« – Unterhemdchen oder Ruderleibchen, wie es im südlichen Hochdeutsch heißt – waren in dem kleinen Schränkchen am Kopfende der Betten verstaut. Schuhe standen unten im Parterre im Schuhraum. Bei jedem Verlassen des Hauses: Patschen aus, Schuhe an und umgekehrt. Der Schuhraum roch nach Dreck von der Straße, nach Schuhcreme, nach Schweißfüßen und nach den Gummisohlen der Superga-Turnschuhe, ein Geruch, der einen das ganze Leben lang nicht mehr verlässt.

Da saß ich also nun am ersten Tag im Schlafsaal auf dem Bett, das mir zugewiesen worden war, zweite Reihe rechts, zweites Bett, das Nachtkastl war schon eingeräumt, und schaute, wer sonst noch alles da war. Der vom Nachbarbett an meinem Kopfende sprach mich an:

»I bin der Hoooorst aus Koooooltern.«

Wie spricht der? Alles so lang gedehnt, als hätte er Zeitlupe gegessen, dann kam noch einer aus »Kooooltern«, der Ambach, und noch einer und noch einer. Alle aus »Kooooltern«. Da erst ging mir auf, dass das die Unterlandler aus Kaltern und Tramin sind und dass die alle so reden. Sie sprachen so, wie die Kalterer Äpfel, mit denen wir bei der Marende um halb vier Uhr jeden Tag zugeschmissen wurden, schmecken: langweilig, weder süß noch sauer und eher mehlig. Dann kamen ein paar Vinschger – aus dem Vinschgau – dazu mit ihrer steinigen, harten Sprache und halt wir Puschterer, genau genommen drei: der Senfter aus Innichen, mein Cousin Reinhold aus Bruneck und ich.

Dann Aufstellen auf dem Flur, im Silentium, und paarweise um sieben runter in den Speisesaal zum Abendessen. Es gab irgendwas, wahrscheinlich Palatschinken, mit »Patsch« und das war eine Entdeckung: Patsch war dünnes Apfelmus – wer weiß, wie viel Wasser da die Schwestern, die sich ums Kochen kümmerten, reingekippt hatten, um den Patsch kostengünstig zu strecken –, er schmeckte wie Spülwasser. Mit ein bisschen Zusatzzucker drauf war es aber erträglich. Nach ein paar Wochen hatte man sich so an diese Wasserpampe gewöhnt, dass das erste »richtige« Apfelmus, das ich in Wien aß – meine Mama machte so was nicht –, mir ganz eklig vorkam: viel zu dick, viel zu sauer, unmöglich.

Sechs Tische, pro Tisch dreizehn Jungs, die beiden, die am Kopfende saßen, hatten das Essen zu holen, pro Woche rutschte man einen Sitz weiter. Man stellte sich vor dem Essen vor seinen Stuhl, ein Gebet, dann konnte gespachtelt werden.

Nach dem Abendessen ging es in den Spielsaal: Tischtennis, Karten, Calcetto, alles war da. Zwanzig Uhr fünfzehn aufstellen, runter in die Kapelle, eine kleine Andacht und dann hoch in die Schlafsäle. Ausziehen, bis auf die Unterhose natürlich. Das war nun ganz übel. Meine fürsorgliche Mama hatte mir nämlich unter anderem blaue Unterhosen mit »Schlotten«, kurzem Bein, angedreht, zwei hatte ich davon, und damit fiel ich natürlich auf, so etwas hatte niemand sonst.

Bald wurde ich »Blauer Enzian« gerufen. Weil mich das teuflisch ärgerte, habe ich mich zuerst gewehrt: »Halt's Maul« oder »Pass la au, gell, morgen gib i do in Blauen Enzian, du Depp«. Das war aber nicht besonders effektiv, es war klar, dass ich ein Exempel statuieren musste, entweder Unterhosen wegschmeißen oder körperlich aktiv werden, was mir aber gar nicht lag. Auf die Idee, dem Spott mit souveräner Gelassenheit zu begegnen und einfach nicht zu reagieren, kam ich in dem Alter nicht. Ich habe mir den blauen Enzian aus Trotz noch ein paar Mal gefallen lassen, dann hab ich die beiden Unterhosen mit den Schlotten im Klo versenkt. Der Spitznamen möpselte noch ein paar Wochen nach, dann war Ruhe.

Keine Ruhe war mit meinem zweiten Spitznamen, der auf mein Gemächte zurückging. Die ganze Wachstumsenergie schien bei mir mit elf Jahren dort hinein gegangen zu sein, was selbstverständlich nicht unbemerkt blieb – ich war auch der Erste in unserer Klasse mit dem Stimmbruch, was einem eine Autorität verleiht, die sagenhaft ist. Der Peter war zum einen mein bester Freund im Antonianum, andererseits war er derjenige, dem immer die Spitznamen einfielen. Er schaute kurz auf meine Unterhose, stutzte, rief dann in die Runde:

»Habt's es so eppas schon gsegn? Wahnsinn! Da, schaut's lei hin, des isch jo wie bei an Stier!«

Und zack! War der Name da: Beutlstier. Der blieb mir neben meinem offiziellen Spitznamen Pips, der mir von meinem Bruder Hugo übertragen worden war.

Nach ein paar Wochen hatte man den Rhythmus, der das Internatsleben regelte, drin, den Rhythmus, der acht Jahre lang so bleiben sollte, mit ein paar Freiheiten, als ich zu den »Großen« gehörte. Der Rhythmus war in den ersten drei Jahren: viertel vor sechs Uhr wecken, ab in den Waschsaal, in dem an der Wand ein Holzregal war, eingeteilt in achtundvierzig Fächer, vorne stand der Name drauf, drunter ein Haken für das Handtuch und oben war der Zahnputzbecher, die Binaca-Zahnpasta – die beste der Welt, wie ich finde, zumindest was den Geschmack angeht – und die Zahnbürste, Nagelpitscher, Kamm, Nagelbürste. Kaltes Wasser. Warm gab's nur am Samstag beim Duschen. Hahn auf, Zähne putzen, Gesicht waschen, schnell, und wenn man weiter oben stand, also weiter weg von der Tür, war das so: Hahn auf, ein bisschen Körper drehen, ein bisschen nach vorne bücken und fertig, weil einen da der Präfekt nicht sehen konnte, der stand unten an der Tür. Abends dasselbe Ritual, nur dass sich dann noch ein paar von uns die Füße wuschen. Im kalten Wasser! Das war schon damals nicht mein Fall. Einige von uns, ich auch, hatten eine Zahnspange, die wurde nach dem Zähneputzen eingefahren, dann musste man sich vor den Präfekten stellen, einmal kurz die Zähne zeigen, dann konnte man ins Bett.

Morgens ging es nach dem Waschen und Anziehn, nachdem wir uns in Reih und Glied vor dem Präfekten aufgestellt hatten, runter in die Kapelle im ersten Stock. Messe bis so gegen sieben Uhr, dann Studiersaal, Klamotten packen, dann um fünf vor halb acht runter in den Speisesaal. Frühstück: KAFFEE!!!! Hier gab's, anders als zu Hause, Kaffee! Das war einfach das Größte. Wenn ich die Augen schließe und daran denke, habe ich den Geschmack von diesem Kaffee, der garantiert mit Ersatzkaffee gestreckt war, noch im Mund. Wir hatten immer die Fantasie, der schmeckte deshalb so abartig, weil die Patres heimlich Beruhigungspillen hineintaten, um uns sexuell zu destimulieren.

Im Gegensatz zu meinen Mitschülern war mein Frühstück immer so: ein bis zwei Brötchen, Bissen für Bissen in Kaffee getaucht, fertig. Andere gingen zum Schrank, in dem man private Zutaten aufbewahren durfte, und holten sich Marmelade, Speck oder Kaminwurzen.

Ab viertel vor acht dann Schuhe anziehen und rüber ins Franziskanergymnasium. Mittags nach der Schule stand man mit knurrendem Magen vor seinem Stuhl im Esssaal, und wenn P. Franz mal wieder schlecht drauf war, tat es nicht etwa ein Vaterunser als Tischgebet, sondern dann musste der Engel des Herrn runtergehauen werden, eine Schikane, wie wir fanden, nur dazu da, uns zu demütigen.

Zehn nach eins war das Mittagessen fertig, dann Turnschuhe an und raus auf den Hof: Volleyball, Cricket, manchmal Fußball und ein bisschen Leichtathletik. Die Philosophen ergingen sich in tiefschürfenden Gesprächen am Rand des Volleyballfeldes und alle versuchten eine gute Figur zu machen, wenn oben aus den Fenstern der Handelsschule die Mädchen schauten.

Um zwei ging's dann in den Studiersaal, in dem alle achtzig Zöglinge saßen. Bis halb vier unter Aufsicht und im Silentium Hausaufgaben machen. Wenn der Chef, P. Ernst, patrouillierte, hörte man eine Stecknadel fallen, so einen Respekt hatten wir vor ihm. Wenn wieder mal ein neuer, junger Pater als Präfekt da war, wurde er getestet – kurz und gnadenlos. Und wenige haben die Prüfung bestanden.

P. Rupert hatte vom ersten Tag an keine Chance, ein junger Pater, den sie unserer Meute zum Fraß vorwarfen. Schon beim ersten Studium – so nannte man diese Zeit im Studiersaal –, das er beaufsichtigte, hatte es einen kleinen Vorfall gegeben. Dem Schaible, einem kleinen, ein bisschen mausartig aussehenden Erstklässler, war ein Patsch, also ein Hausschuh, vom Fuß auf den Gang gefallen. P. Rupert baute sich vor ihm auf und brüllte ihn völlig unangemessen an, so löwenmäßig, dass es eine Lust war, denn das war das Signal für uns. Eine Masse von Drecksäcken im Alter von elf reagiert auf so etwas reflexartig, da denkt keiner mehr nach, das funktioniert einfach nur. P. Rupert hatte noch nicht Luft geholt, da ging es durch den ganzen Studiersaal: »Aufhearn! Aufhearn! Aufhearn!«, immer lauter und alle gleichzeitig, so, dass er keinen herauspicken konnte. P. Rupert verlor jegliche Contenance und fing ein unglaubliches Geschrei an, das wir gelassen mit Pultdeckel-klappern konterten, wir wussten, wir waren mehr und damit die Stärkeren. Daraufhin lief P. Rupert völlig ent-nervt aus dem Studiersaal und eine Minute später kam P. Ernst herein. Er sagte nichts, ging nur ein paar Mal auf und ab mit leichenbitterer Miene, mehr war nicht nötig. Als er sah, dass dies schon Wirkung zeigte, verließ er den Raum wieder, ohne ein Wort zu sagen. P. Rupert aber, der das ganze Schuljahr noch dablieb, bekam von diesem Tag an kein Bein mehr auf die Erde.

Um halb vier gab's Marende, Brötchen mit Apfel oder Brötchen mit einem Marmeladewürfel gespendet von Zuegg in Lana oder ein Brötchen mit »Papstkaas«, so nannten wir die Käsedreiecke, die man uns manchmal vorsetzte. Sie schmeckten wie Käsefüße, waren vielleicht – zumindest vermuteten wir das – aus Beständen der Ame-rikaner aus dem Zweiten Weltkrieg und einfach eine Zu-mutung. Einmal wurde es uns zu viel und alle achtzig schmetterten wir die Käsedreiecke an die Wand unter das Kreuz und da hat uns dann beim Abendessen P. Ernst zu-sammengefaltet. Zwei Tage lang sind wir alle nur noch ge-duckt durchs Haus gelaufen und haben ab da brav unseren Papstkaas gegessen.

Bis fünf Uhr war wieder Sport oder bei Regen Spielsaal angesagt, dann von fünf bis sieben wieder Studium, meine Lieblingszeit. Jetzt war ich lerntechnisch in Hochform. Die schriftlichen Arbeiten waren erledigt und jetzt konnte ich lesen, entweder Schulstoff oder Stoff drumherum, lesen, lesen, lesen – und plötzlich war es sieben Uhr, Abendessen.

Schon ein paar Wochen nach meinem Einstand im Anto-nianum, am 4. November 1956, einem Sonntag, den ich nie vergessen werde, standen wir im dunklen Flur vor dem

Studiersaal, abends um sieben, bereit, gleich geschlossen in den Speisesaal runterzugehen, da stellte sich P. Franz mit ernster Miene vorne vor uns hin, sodass ihn alle sehen und hören konnten, und sagte, dass die Russen Ungarn überfallen haben und dass wir an der Schwelle zum Dritten Weltkrieg ständen. Wir sollten Gott danken, dass schon im Zweiten Weltkrieg Südtirol ganz gut verschont geblieben worden sei und das werde jetzt hoffentlich wieder so sein, wir sollten uns aber des Ernstes der Lage bewusst sein, der Kommunismus kenne keine Gnade. Wir sollten auch damit rechnen, dass unsere Eltern uns abholen kommen, falls es schlimmer werden würde. Und unten im Speisesaal stellte P. Ernst ein Radio hin, damit wir die Nachrichten und Berichte hören konnten.

Plötzlich schwankte die Welt, ich hatte das Gefühl, dass ich ab da kein Kind mehr war, dass alles anders werde und keiner wisse, wie. Es war, als hätte das Leben Risse bekommen, durch die der Tod uns anschaute.

Im Radio während des Abendessens hörte ich die Stimme von Imre Nagy um Hilfe flehen, die ihm der Westen versprochen hatte, aber nicht leisten wollte. Ich höre diese flehende Stimme immer noch und János Kádár, der Gegenspieler von Imre Nagy damals, ist für mich heute noch der Inbegriff des Verräters, so sehr hatte mich dieser Einbruch der Wirklichkeit in mein bis dahin so beschütztes Leben beeindruckt.

Weil wir eine schöne Stimme hatten, wurden der Senfter, der Grüner und ich in der Franziskanerkirche bei den Sonntagsmessen oder den Novenen im Chor eingesetzt, den P. Konrad, Organist und Zeichenlehrer, organisierte, manchmal leitete er auch das Orchester und gestaltete die feierlichen Messen.

Einer der Höhepunkte meiner Karriere in der Franzis-kanerkirche war die Aufführung der Krönungsmesse von Mozart, wo ich als Solist das Alt-Solo im Benedictus sang und die Bozner als Bonsai-Callas offensichtlich zu Tränen gerührt habe – wenn ich glauben kann, was mir meine Mama damals erzählte. Es war jedenfalls ein Riesenfest, nachher gab es Würschtln im Kloster und der alte Furgler, Juwelier und Flügelhornspieler und überhaupt eine legendäre Bozner Figur, sagte mir, dass ich ganz fein gesungen habe und seitdem ist das Wort »fein« für mich Ausdruck des höchsten Lobes.

Dann: die Josefi-Novenen. Am 19. März ist Hl. Josef, also Josefs Namensfest, und in vielen Gegenden in Südtirol ist das Anlass, in Andachten abends in sich zu gehen und seiner zu gedenken. So auch in Bozen in der Franziskanerkirche. Die Novene dauerte etwa eine Stunde, Hauptteil war die große Bußpredigt vom P. Leopold. In der verdunkelten Kirche wirkten seine mahnenden Worte gewaltig. Seine donnernde Stimme brauchte kein Mikrofon, auch wenn die Kirche rappelvoll war, sie drang durch und erreichte die Herzen derer, die ihn hören wollten. Die Bozner warteten während der unendlich langen Predigt von Pater Leopold nur auf den Satz: »Und wenn dereinst mein Auge bricht, wenn mein Herz zu schlagen aufhört, o auch dann, lieber Josef, bitte für mich«, weil er danach, im selben Leierton, den Stellenmarkt vorlas: »Ein braves Mädchen aus dem Sarntal sucht eine Stelle als Hausmädchen bei einer guten Bozner Familie«, oder: »Eine kranke alte Boznerin sucht ein junges, gläubiges Mädchen aus dem Tal als Dienstmädchen«, und das Wort »gläubig« sollte bedeuten, dass die Arbeit um Gotteslohn sein sollte, aber manchmal waren auch andere Inserate dabei: »Eine gute Ehefrau bittet in schwerer seelischer Not um Fürbitte, dass ihr Mann wieder

vom Weg der Sünde abkommt und zu ihr zurückfindet«.
Huiii! da ging aber die Fantasie los bei uns Jungs auf dem
Chor, wo ist der Weg der Sünde? Gibt's da etwa eine Abkür-
zung? Und kann man da vielleicht auch hin? Und was
spielt sich da wohl ab? Und der Edi vom Sopran machte
das Fickzeichen, was uns nicht daran hinderte, mit treu-
gläubigen Augen zum P. Konrad zu schauen.

Wenn P. Hubert als Gasttenor kam, dann war alles zu
spät, er war wunderbar, er war dick und so war auch seine
Stimme: strahlend, aber ein bisschen zu fett. Er sang »O
Josef bitt für uns« und bei der Wiederholung ging das so
steil nach oben in die Pavarotti-Bereiche, dass er noch während des Singens nach Luft japste, den Ton abbrechen
musste, um ihn dann wieder neu anzusetzen, ein Natur-
schauspiel, das wir mit offenem Mund genossen.

Im »Zwoatila«, im zweiten Jahr, kamen die Neuen, darunter ein ehemaliger Mitschüler aus Bruneck, der wegen
Krankheit ein Jahr verloren hatte, jetzt also ein Jahr unter
mir war. Wir kommen am ersten Oktober alle an, packen
unsere Sachen aus, richten uns ein, er auch. Und was packt
er aus? Einen Bettvorleger! In einem Schlafsaal mit achtundvierzig Jungs zwischen elf und zwölf kommt einer,
der als Einziger einen Bettvorleger vors Bett drapiert – ein
Todesurteil.

Zwei, drei Tage haben wir ihm eine Chance gegeben. Wir
haben den Bettvorleger durch den Schlafsaal geworfen,
wir haben ihn versteckt, wir haben draufgespuckt, kein Erfolg. Daraufhin war klar, der Kloane isch reif! Es musste
ein Exempel statuiert werden, die Provokation durch diesen Bettvorleger war zu groß, so durfte keiner aus der Reihe tanzen.

Wir warteten, bis der Präfekt nach unten gegangen war,

das wird so gegen halb zehn gewesen sein. Dann weckten wir den Kleinen und sagten ihm, er solle das Maul halten und mitkommen, aber leise, sonst ...

Wir gingen in den Waschsaal, dann zogen wir ihm die Pyjamahose aus und hievten ihn ins Waschbecken. Einer holte eine Dose schwarze Schuhcreme, dann rieben wir ihn damit ein: Bauch, Rücken, Po und dazwischen. So ließen wir ihn liegen und gingen ins Bett.

Wir hörten, wie das Wasser lief, wir hörten unterdrücktes Schluchzen. Als er wieder in den Schlafsaal kam, rollte er den Bettvorleger auf und verstaute ihn unterm Bett, legte sich hin und weinte.

Am nächsten Abend war der Junge nicht mehr da. Kommentarlos. Keiner stellte uns zur Rede, keiner fragte uns aus, er war weg, einfach so. Dann begriffen wir langsam, dass er offensichtlich niemandem etwas von der Tat erzählt hatte und wir fingen an, uns zu schämen.

Ich schäme mich immer noch.

Seifenschachtel-Radio

Der Senfter, Spitzname »Schnaps«, wurde im zweiten und dritten Schuljahr zu unserer wichtigsten Person im Antonianum. Er war Radiobastler und Hobbyfunker, nervte uns alle mit seinen Erzählungen aus den Sommerferien, was er da gebastelt habe, wohin er gefunkt habe und von wo er überall QSL-Karten erhalten habe. Er hat uns das so oft erzählt, dass ich immer noch weiß, was das ist, eine QSL-Karte: die Bestätigung nämlich für einen erhaltenen Funkspruch.

Dann aber hatte er plötzlich eine grandiose Idee, wie er seine Amateurfunkerbegeisterung praktisch umsetzen könnte – er bastelte ein Seifenradio.

Das Antonianum war als Schülerwohnheim ein weitgehend autarkes System, wir Zöglinge lebten dort, ohne auf die Außenwelt angewiesen zu sein. In einfacher Form gab es alles, man hatte ein Dach überm Kopf, man bekam zu trinken – Leitungswasser zwar, aber das ließ sich zum Beispiel auch sportlich nutzen. Beim Abendessen war ich oft der Weltmeister, weil ich einen Liter Wasser in neun Sekunden runterhauen konnte. Ich hatte eine besondere Technik entwickelt, das Zäpfchen und den Schluckreflex auszuschalten, das Wasser lief einfach in mich hinein. Zu essen war ausreichend da und für das, was man darüber hinaus brauchte, gab es den Laden von P. Franz.

Einmal im Monat steckte P. Franz seinen Kopf in den Studiersaal und rief: »Ladn!«, dann gingen die ersten zehn aus dem Studiersaal raus in den Raum gegenüber, da war der Laden drin. Hier gab es alles: vom Bleistiftspitzer bis zur Binaca-Zahnpasta. Man ging da durch und lud Hefte, Papier, Blöcke, Farbstifte, Gummibänder, Klebstreifen in einen Korb und ging mit dem Stapel Zeug zu P. Franz, der an der »Kassa« saß, alles notierte und den Eltern dann die Rechnung präsentierte.

P. Franz, der sonst eher ein bisschen herb war, war hier immer bestens gelaunt, lachte und machte Scherze, die deshalb besonders komisch waren, weil er aus Buchenstein stammte, also weder deutscher noch italienischer Herkunft war, sondern rätoromanischer. Er hatte den für dort typischen Akzent im Deutschen, war aber eine solche Autoritätsperson, dass keiner darüber gelacht hätte. Der Laden machte ihm Spaß, da und beim Tischlern war er in seinem Element.

Und in diesem Laden gab es eben auch Seifenschachteln, das waren Plastikdosen, in denen man die Seife aufbewahrte. Jeder hatte so ein Teil im Waschsaal auf dem Regal.

Unser Amateurfunker kaufte sich also eine solche Seifenschachtel und bastelte daraus heimlich im Studiersaal ein Transistorradio mit Batterie und Kopfhörer. Der Empfänger war in der Seifenschachtel, die Batterie auch, oben auf dem Deckel war ein Regler, mit dem man den Sender einstellen konnte, der Tuner quasi, und eine Buchse, in die man den Kopfhörer, der damals nur einer und noch erschreckend groß war, einsteckte. Ein Klingeldraht war die Antenne. Das Gerät war für damalige Zeiten sensationell klein, so klein, dass man es auch im Schlafsaal benutzen konnte, ohne dass der Präfekt das sah.

Es war Senfters Geschäft des Lebens, und auch der Laden profitierte natürlich wegen der enorm erhöhten Nachfrage nach Seifenschachteln davon. Jedem musste der Senfter so ein Radio zusammenbasteln, mir auch. Die Älteren zahlten ihm was dafür, uns, den Freunden aus seiner Klasse, hat er es umsonst gemacht.

Man ging ins Bett, Seifenkistchen unters Kopfkissen, dann Antenne rausgezogen, einen Kopfhörer reingesteckt und mit der Hand unterm Kopfkissen einen Sender gesucht.

Die Seifenschachtel war natürlich kein Weltempfänger, also blieb eigentlich nur Radio Bozen von der RAI. Es war wunderbar. Wir hörten die Hitparaden von 1957/58, Paul Anka rauf und runter und waren plötzlich mit der Welt verbunden.

Es funktionierte wie die Hölle, kein Pater hat jemals eine der Seifenschachteln entdeckt.

Der Senfter aber war unser Held.

Der Beichtausgang

Der Beichtausgang im Antonianum war für uns jahrelang das zentrale Ereignis der Woche. Am Samstagvormittag war ganz normal Unterricht, dann aber wurde es spannend. Schon beim Mittagessen war es im Speisesaal lauter als sonst, es schien etwas Besonderes in der Luft zu liegen, die Hände wurden nicht mehr trocken, so stand ich im Wasser, und die Zeit dehnte sich, dass es ein Graus war. Dann Freistunde nach dem Mittagessen, das hieß für mich, ich durfte im dritten Stock Geige üben oder meinem Bruder Hugo beim Klavierspielen zuhören. Dann um zwei in den Schlafsaal, Seife und Shampoo holen und ins Handtuch einrollen, dann runter in den Studiersaal und beim Hausaufgabenmachen darauf warten, dass man mit dem Duschen dran war.

Wir taten natürlich nur so, als würden wir Hausaufgaben machen, wir waren immer viel zu aufgeregt wegen des Ausgangs und jeder zählte lieber schon mal ab, wann er mit dem Duschen an der Reihe war. Jeweils zehn passten in den Duschraum. Weil im Studiersaal Bankreihen waren, in denen links und rechts vom Gang, in dem der Pater patrouillierte, jeweils zwei Schüler saßen, also vier insgesamt pro Reihe, gab es immer zwischen den Reihen Verhandlungsspielraum: »Ihr kriegt unsere Marende, wenn wir zuerst dürfen.«

Der Hermann allerdings, Gastwirtssohn aus dem Vinschgau, kam immer eher dran, weil der ein Angebot hatte, das keiner ablehnen konnte: Cointreau! Immer wenn er aus den Ferien kam, brachte er eine zu Hause gemopste Flasche Cointreau mit und machte damit Geschäfte:

»Lasst's mi vor, nacha kriegt jeder von enk a Schlückl obm ausm Kleiderschrank.«

Ging klar und man war eben zehn Minuten später dran.

Die ersten zehn standen Punkt zwei Uhr behandtucht vor der Tür zu den Duschkabinen, P. Franz, der die ganze Aktion überwachte, öffnete, dann stürmte man hinein. Vor jeder der zehn Duschkabinen stand auf einem Holzrost ein Hocker. Jetzt hieß es, sich schnell auszuziehen, bis auf die Unterhose, die zog man erst hinter dem Duschvorhang aus und hantelte sie dann irgendwie zu den anderen Anziehsachen auf den Hocker raus, und ab in die Dusche. Zirka sechs bis sieben Minuten stand man nun unter der Brause, neben dem Klo der einzige Raum im Antonianum, in dem man allein sein konnte. Wenn auch nicht ganz, denn man konnte schon einmal auch von oben Seife abbekommen, die jemand rüberwarf, oder einen Patschen, oder sonst was, was einen ärgerte. Aber immerhin: einmal in der Woche aufatmen im heißen Wasser, einmal in der Woche sich erholen von der Totaltransparenz dieses Lebens.

Die Duschen vorne am Eingang waren die besten. Hinten konnte es schon mal zu Versorgungsengpässen kommen, das Wasser kam vielleicht nur noch kalt an oder der Druck war aus der Leitung. Hinten wie vorne konnte es allerdings passieren, dass der Duschkopf zusehends verkalkte und einem nur noch zwei, drei Strahlen, die aber mit ungleich erhöhtem Druck, auf die Haut prasselten.

Der kleine Duschraum war innerhalb einer Minute so vernebelt, dass man P. Franz, der vorne saß, nur noch schemenhaft sah. Und natürlich wurden die Klamotten auf dem Hocker vor der Kabine feucht und der Holzrost auf dem Boden war vom Samstag und von all den Jahren davor auch so aufgeweicht, dass man sich da längst schon keinen Schiefer mehr einziehen konnte und deshalb taten die Schlauen die Patschen oben auf den Kleiderhaufen, damit sie nicht ganz nass wurden.

»Schluss!«, donnerte P. Franz dann plötzlich, das hieß, Wasser aus, sich in der Kabine hinter dem Vorhang abtrocknen und die Unterhosen vom Hocker angeln, dann erst den Vorhang aufziehen und sich schnell weiter anziehen. Dann Handtuch um den Kopf und hoch in den Schlafsaal marschiert. P. Franz kam hinter uns her, öffnete die Tür zum Studiersaal, rief: »Die nächstn!«, nahm die anstürmende Truppe in Empfang und ging mit ihnen einen Stock tiefer zum Duschen.

Oben im Schlafsaal aber begann jetzt das Paradies. Man konnte ein bisschen auf dem Bett sitzen und es ging ans Fingernägel- und Fußnägelschneiden oder -pitschen, wenn man einen Nagelzwicker hatte, was damals das Äußerste an moderner Nagelpflege war – dass dabei die Nägel in hohem Bogen ausgerechnet auf die Betten und Kopfkissen flogen, in denen die Blödmänner schliefen, war klar und reine Absicht. Und überhaupt war das die Zeit, in der man sich ein bisschen wie zu Hause fühlte. Ab zwölf Jahren kam dann das Pickelausdrücken dazu, ab vierzehn Tabac Original oder Tarr, falls man sich schon rasieren musste, und, was das Größte war, der Geruch von Cointreau, wenn man den Hermann vorgelassen hatte. Wie sollten Freiheit und das Leben sonst duften, wenn nicht so?

Die Spannung wuchs inzwischen ins Unermessliche, denn wir wussten, dass wir gleich rauskonnten. Sechzehn bis siebzehn Uhr dreißig raus, einfach raus. Der Ausgang diente natürlich in erster Linie der Beichte, der Ausgang war aber insbesondere die Vorbereitung auf das Leben »draußen«, für alle Altersstufen. Das waren zwar nur anderthalb Stunden pro Woche, aber irgendwann kommt auch da eine stattliche Summe heraus.

Natürlich gingen wir in den ersten zwei Jahren wirklich zur Beichte und zwar in die Franziskanerkirche in Bozen. Und da stellte sich zunächst einmal die Frage: Bei wem beichtet man am günstigsten? Eine extrem wichtige Frage, denn Zeit war kostbar, da konnte man jetzt nicht eine halbe Stunde Vaterunser herunterleiern, dann war der Beichtausgang vorbei und man hatte vom Leben nichts gesehen.

P. Leopold, das wussten wir bald, war besonders streng, bei dem kam man unter fünf Vaterunser nicht weg, möglicherweise kamen sogar zwei oder drei Engel-Des-Herrn noch obendrauf, wenn die Woche besonders sündig gewesen war. Einfach nur zwei Vaterunser beten und damit so tun, als hätte man keine Sünde abzubüßen, das hätte sich keiner getraut: Da schwebte schließlich eine riesige Jesusfigur im Fenster der Apsis und schaute einen an, überall waren Fresken, ehrwürdige gotische Flügelaltäre, die irgendwie Respekt einflößten. Aber vor allen Dingen wusste man nie genau, ob nicht doch irgendein Pater einen beobachtete und alles genau registrierte: »Fünf Vaterunser aufgehabt, aber nur zwei gebetet, na warte!«

Zu wem also gehen? Die Jungs aus der nächsthöheren Klasse, die »Zwoatila«, kannten diese Nöte und halfen: »Es miaßt zin P. Augustin giahn, do ischis am günschtigschten«, aha, P. Augustin, der legendäre Deutschlehrer der Mittelschule bis Gymnasium, der so hilflos war, dass in seiner Stunde eine klassische Lausbubensportart gepflegt wurde: Papierflieger werfen, und das machte vor allem deswegen so viel Spaß, weil er immer den bestrafte, bei dem der Flieger landete. Ansonsten war P. Augustin eine lächelnde Seele von Lehrer mit heimlichem Hang zum Anarchismus – als braver und frommer Franziskaner war er ein glühender Verehrer von Heinrich Heine!

Im Beichtstuhl war er ein großer Verzeiher, der allerdings einen Nachteil hatte: Er war ein bisschen »tearat«, schwerhörig. Das aber hatten uns die Drecksäcke aus der zweiten Klasse natürlich nicht gesagt. Wir haben uns deshalb an dem Samstag, als wir in der Kirche zum ersten Mal vor dem Beichtstuhl von P. Augustin knieten, nicht gewundert, dass so viele Zwoatila ebenfalls da waren, werden schon auch auf die augustinische Milde angewiesen sein, dachten wir.

Kaum war der Erste drin und flüsterte seine Sünden ins Gitter, dröhnte die Stimme von P. Augustin durch die Kirche:

»Wie oft? Allein oder mit anderen?«, und hinter uns Gekicher der Zwoatila, Kopfwenden der Erwachsenen, die vor anderen Beichtstühlen auf die Absolution warteten, kurz, die Blamage war grenzenlos. Mit hochrotem Kopf kamen die Sünder heraus und verkrochen sich zum Vaterunser in die nächste dunkle Ecke der Kirche, auf ewig der Lächerlichkeit preisgegeben.

Natürlich haben wir im Schuljahr darauf ebenso den »Earschtilan« gesagt: »Es miaßt zin P. Augustin giahn, do ischis am günschtigschten.«

Das war also die Pflicht. Jetzt war die Seele rein, die Weste weiß, der Hunger groß. Ich war oft schon um vier Uhr vor dem Ausgang zu meinem Bruder Hugo gelaufen, hinten an die letzte Bank im Studiersaal:

»Geah Hugo, kannsch mir 150 Lire für a Würschtl gebn?«,

und ohne Murren hatte er mir immer das Geld gegeben. Weil er aber solchen Genüssen abhold war, konnte er sich manchmal eines Seufzens »Jo muass denn des sein?« nicht enthalten, vielleicht auch nur deshalb, weil er ein bisschen den Papa vertreten musste, wenn schon die Eltern selber nicht da waren.

Dann kam die Kür. Am Neptunsbrunnen auf dem Obstmarkt mit dem Rosengarten im Blick war der Würschtlstand mit dem typischen Würschtlgeruch. Der Würschtlmandl war ein kleiner, verwachsener Italiener, immer mit Schiebermütze, maximal ein Meter fünfzig groß. Er hockte gerne auf dem Fahrradsattel des Mopeds, an den die riesige Würschtlmaschine angebaut war, ein Wasserbehälter für die Würschtln, ein Korb für die Brötchen, ein Schüsselchen für den Senf. Ein Würschtl kostete 120 Lire, das waren damals ungefähr 95 Pfennig – 128 Lire waren eine D-Mark, was ich deshalb so genau weiß, weil ich oft genug meinem Papa fünf oder zehn D-Mark geklaut habe, die ich dann im Bozner Bahnhof wechseln ging ...

Weil ich von Hugo 150 Lire bekommen hatte, blieben nach dem Würschtl noch 30 Lire übrig für eine Kaki oder ein paar Briefchen Käschtelemehl oder ein paar Boxelen oder ein Eis oder vielleicht auch nur ein paar Zuckerlen.

Manchmal sparte ich, bis ich mir ein Präservativ kaufen konnte, aber das war eine eigene Geschichte, denn wir kauften es nicht, um es zweckentsprechend zu verwenden. Wir kauften es, um es in der Tasche zu haben und ab und zu diskret zu zeigen. Das langte, um zu beweisen, dass man die Mutprobe bestanden hatte. Und ganz vorne war, wer eines mit Reservoir dabeihatte.

Als Schüler des Franziskanergymnasiums konnte man natürlich kein Kondom in einer deutschen Apotheke kaufen, sofort hätten es, davon waren wir überzeugt, die Patres erfahren. Also musste man in eine italienische Apotheke gehen oder wie ich – weil ich dem Braten nicht traute: im Kirchenchor in der Franziskanerkirche sangen auch Italiener mit, also Vorsicht! – in eine Art Kiosk am Dominikanerplatz, ein Lädchen, das voll war, wenn zwei Leute drin standen, und das ein Italiener führte. Ein kleiner, schlanker Mann mit einem Schnurrbart, den er mit dem Laser, hätte es ihn damals schon gegeben, geschnitten haben musste, so schmal war der. Ein Meisterwerk. Zu ihm ging ich also ins Lädchen – natürlich erst dann, wenn keiner drin war – und raunte ihm »un profilattico« zu. Dann bekam ich ein Kondom ohne Reservoir. Wollte ich aber eines mit Reservoir, musste ich extra dazu sagen: »un profilattico con serbatoio«, das heißt, dass man sich da schon noch ein bisschen weiter aus dem Fenster lehnen musste, was natürlich von den anderen dann auch besonders honoriert wurde.

In der ersten und auch noch in der zweiten Klasse hieß der Beichtausgang also wirklich in erster Linie beichten, Würschtln essen und ein bisschen Auslagen schauen. Manchmal lieh ich meinem Freund Peter aus St. Pauls auch zehn Lire, damit er sich eine Zigarette kaufen konnte, da waren wir aber schon zwölf und er durfte das. Er war von uns der Erste, der richtig rauchte, was ihm unbedingt Glaubwürdigkeit und Autorität verlieh. Ab und zu wagten wir dann auch schon einen Blick zu den Mädchen, das war aber noch nicht wirklich prickelnd.

Nach den Sommerferien nach der zweiten Klasse aber war plötzlich alles anders. Wir wurden dreizehn, ich hatte schon seit einem halben Jahr den Stimmbruch hinter mir, das Leben, das Testosteron und der Rock 'n' Roll brachen über uns herein. Plötzlich war Bozen voller Frauen, wo waren die vorher denn alle gewesen? Das einzige Geräusch, das wir ab da hörten, war das Reiben der Strümpfe an Mädchenschenkeln und der Obstmarkt duftete nicht mehr nach Würschtln, sondern nach viel zu dick aufgetragenem Chanel No. 5 oder Tosca. Die Petticoats rauschten in den Lauben und die Strümpfe hatten Naht. Es war zum Wahnsinnigwerden, alle sahen wir die Nähte an den Strümpfen und keiner wusste, wohin sie gehen. Sie folgten mathematischen Gesetzen: nicht denen der Parallelen, denn dass das keine Parallelen waren, das wussten wir natürlich auch, die treffen sich ja nicht mal im Unendlichen, nein, denn wir hatten in der Schule aufgepasst und die Franziskaner hatten uns die mathematischen Grundlagen gut beigebracht, wir vermuteten, dass diese Nähte den Gesetzen des Strahlensatzes folgten. Wenn man also wusste, mit welchem Winkel die Naht an der Kante des Petticoats anstößt, dann wusste man in dem Moment, wo die beiden Nähte dieses gleichschenkligen Strahls sich treffen würden.

So liefen wir mit Kamm in der Hosentasche und Winkelmesser durch Bozen und schon in der Bindergasse, wo der Asphalt kochte, wenn wir pickeligen Pubertierenden das Antonianum verließen, holten wir den Winkelmesser heraus und liefen so hinter den Mädels her. Wussten unsere Lehrer, was sie uns da beigebracht hatten? Plötzlich war die Anatomie nur noch eine Frage der darstellenden Geometrie und die Geilheit eine Frage des Winkelmessers. Ab da wurde der Beichtausgang zum Trainingsfeld und ich der Vorausläufer, denn mir flogen die Mädchenherzen schneller zu als meinen Mitschülern.

An das Antonianum grenzte die Handelsoberschule. Die Mädchen, die dort waren, schauten die seltenen Male, in denen das möglich war – wir wechselten uns meistens mit dem Vormittags- und Nachmittagsunterricht ab –, gerne in der Pause auf unseren Hof. Auch die Barbara schaute.

Sie war vom Ritten, war der heißeste Teenager von Bozen und war bis über beide Ohren in mich verknallt. Am Ende des dritten Schuljahres lernten wir uns dann endlich kennen: Ihre Cousine passte mich beim sonntäglichen Gang zur Franziskanerkirche ab, flüsterte mir zu: »Am Samstag um vier in der Moser Bar!«, und es war um mich geschehen.

Natürlich ging ich nach dem nächsten Beichtausgang in die Moser Bar am Ende des Dominikanerplatzes. Die Moser Bar wurde von Herr und Frau Moser betrieben, er aus Bruneck und sie eine Frau, die aussah, als stünde sie ständig kurz vor einem Tränenausbruch, aber sie war voller mütterlich-kuppeliger Gefühle für mich. Ab und zu waren wir Studenten vom Antonianum schon gemeinsam dort gewesen, um während eines Beichtausgangs einen Macchiato zu trinken und Musik zu hören. In der Moser Bar stand schließlich eine Wurlitzer und die hatte die heißeste Musik Bozens. Hier gab es keinen Peter Kraus und keine Connie Francis, hier gab es nur Wanda Jackson, Elvis, Bill Haley und vor allem: Little Richard und Adriano Celentano. Zum Schmusen gab es noch Peppino di Capri und die üblichen italienischen Weichkocher, aber vor allem Rock 'n' Roll vom Feinsten.

Dahin ging ich also nun, hatte mir extra die grüne Strickjacke angezogen und ein weißes Hemd und kurz vor Betreten der Moser Bar stellte ich mir den Hemdkragen hoch, weil es ja schließlich um alles ging.

Da stand sie mit ihrer Cousine: Barbara, der Hammer! Petticoat, aber mindestens zehn Lagen, Strümpfe mit Naht, aber so, dass ich meinen Winkelmesser stecken lassen konnte, und ein Schmollmund, gegen den Brigitte Bardot ein Schnullermädchen war. W!O!W! Mir verschlug es den Atem, zum Glück aber war erst einmal die Cousine dabei, die uns zu einem Tisch führte, hinter der Wurlitzer, links in der Ecke, von außen nicht einsehbar. Nach zehn Minuten Gekicher und Gemache murmelte sie, dass sie noch was besorgen müsse, dann war Narkose. Frau Moser kam wohl mehrmals an den Tisch, um nach unseren Wünschen zu fragen, aber was wünscht man sich, wenn man alles, wovon man jemals geträumt hat, in den Armen hält?

Siebzig Minuten Zungenkuss, mir tat der Mund bis Mittwoch oder Donnerstag weh, siebzig Minuten langsames Vortasten und mit einer Hand wie aus Versehen den Busen streifen, das hieß siebzig Minuten Beherrschung bis zum Äußersten – wobei klar war, dass ich noch nicht mal wusste, was ich da zu beherrschen hatte.

Ich weiß nicht mehr, wie ich ins Antonianum kam, ich weiß nur noch, dass ich ein Ziehen im Schritt hatte, das tagelang anhielt, Schmerzen ohne Ende und keine Heilung in Sicht. Monatelang ging das so, nein, anderthalb Schuljahre lang.

Erst ein Jahr später fanden meine Freunde aus dem Antonianum heraus, wohin ich immer verschwand beim Beichtausgang – und da war ich schon von der Moser Bar in die Loreto-Bar in der Kapuzinergasse gewechselt, weil ich befürchtete, dass sie mich finden würden –, und standen plötzlich vor uns und wollten schon hämisch loslachen, als sie uns im Kuss so ineinander versunken sahen. Dann aber löste sich Barbara von mir, zog ihren schönsten Schmollmund und schaute diese Tölpel mit einem so vernichtenden Blick an, dass sie, fasziniert von so viel Schönheit und Stolz, verstummten und kleinlaut abzogen.

Und mit O-Beinen ging ich aus der Loreto-Bar ins Antonianum zurück und wenn mich P. Franz gefragt hätte, ob ich bei der Beichte gewesen sei, hätte ich ohne zu zögern »selbstverständlich« gesagt.